學習要 5.0，工作、健康也要 5.0

第五波

現在，人類已進入「創新社會」

莊淇銘、莊錦華、莊雅惠——著

晨星出版

作者序

搶先一步規劃未來

教授「未來學」課程二十多年，到現在還有朋友跟我說：什麼是「未來學」？是在教算命嗎？回朋友說：你這種想法是第一波農業社會的思維。遠在36年前，艾文。托佛勒（Alvin Toffler）於1980年就出版了《第三波 The Third Wave》。書中預測資訊社會將形成，人類的生活方式及教育模式將大幅改變。其中，九成以上都應驗了。「未來學」就是從既有的資料去分析判斷未來，其觀念有點類似現在的「大數據」。

由於每個人都要活在「未來」，所以，分析未來及瞭解未來很重要。因為，瞭解未來才能預先準備以掌握未來。很可惜的，台灣社會對瞭解未來的重要性相當不足，也因此，各級教育包括家庭教育對未來學可以用「匱乏」兩個字形容。在教育上造成了大學生畢業後「學用不符」。在生活上造成不會規劃未來，「生涯規劃」能力薄弱。於是「月光族」、「啃老族」、「虐老族」等社會問題相繼出現。

莊淇銘

有鑑於此，遂跟兩位妹妹：莊錦華及莊雅惠討論，合寫一本探討未來的書籍。讓社會大眾在閱讀後，能瞭解掌握未來的重要，並學會如何分析未來，判斷未來。政大博士生陳大愚及我的好友曾任淡江大學電機系主任的謝錦棠教授跟我討論本書時，謝錦棠問我，書名為何稱「第五波」？我跟謝錦棠教授說，因為，從《第三波 The Third Wave》掀起資訊社會波濤，陳大愚現在讀的政大資管博士班就是第三波浪潮所造成的。而後，彼得。杜拉克提出「知識社會」，我稱其為「第四波」。現在，則已隨著時間移民到「第五波」。

謝錦棠教授及陳大愚同時問：「什麼是『時間移民』？」

我開玩笑的說：「請看我的書。」

書上的「諾亞方舟」及「冰河時期」插圖，是請託好友余大力美術老師所畫。謝謝他生動的繪畫，讓本書更加活潑。余老師本名是余國平是基隆知名畫家，基隆樸素畫會的指導老師。專長主要是：兒童美育、樸素美術及非常特別的「靈異美術」。此外，腦中的系統圖及南島語系圖則是要感謝國立台北教育大學數位科技設計學系的兩位助理許文怡及陳珮如，還有研究生林姵華的幫忙繪製。

會找兩位妹妹合寫是因為兩個原因。其一，她們兩位在自己的專業領域上都有頗高的前瞻性。莊錦華早就看到文創趨勢，於十多年前就開始研究文創領域及文創產業之開發。而後，在各大學教授文化創意課程。擔任行政院客家事務委員會副主委時，更與同仁投入開發「桐花祭」。「桐花祭」由於開創成功，至今已是家喻戶曉。莊雅惠是知名的中醫師及教授，持續研發符合社會潮流的藥方及療程，如美容針、消脂茶等，非常受使用者及就醫者歡迎。莊雅惠也經常受邀上電視節目談健康與養生。尤其，她們兩位都出過書，莊錦華還出過攝影畫冊，對出書都頗有經驗。

第二個原因是，父母親從小對我們三兄妹採用自由開放式的教育。從小就讓我們自己決定自己的未來。也造成了我們從小就經常思考未來，因為，我們自己要決定未來。所以，我們商量合寫一本書來感謝父母親對我們的教養之恩。很高興的，我們三人終於完成了本書的寫作。更欣慰的，在完成寫作的同時，也完成我們三兄妹的心願——將本書獻給我們敬愛的父親莊鏡洲及母親吳玉英！

作者序

今日文創5.0正竄起，他日6.0已在牆角……

這是一個快速翻轉變遷的時代，人類從游牧、農業到商業，緩慢前進，改變與前進之步驟均有跡可循。

從游牧到第一波農業生產，人類走了漫長數萬年，自18世紀工業革命開啟大量生產以後，進入第二波的工業時代，緊接著電腦科技帶動引領第三波的資訊時代爆發，近十年多加入創意、深耕文化開啟第四波的創新產業，從第一級產業到四級產業雖然慢慢加速，但仍循序漸進。

但是，近幾年來，智慧型手機改變人類的社交行為也開啟「滑世代」，社群網站興起不僅改變人類的溝通模式更悄悄掀起全新的商業模式。世界扁平化、無限擴大化，近幾年來，分享經濟竄起，各式直接鏈結人與人的商業模式與行銷創意，正式引領世界進入文創5.0的時代。

群眾募資夯，商業營運模式從「募資、成立公司、設計、生產、分享行銷、通路、運送」翻轉成「設計、分享行銷、募資、成立公司、生產、配送、通路」。只要有創意、會說故事，你就可以做大老闆！

未來科技進步將更進一步改變製造業，3D列印機不僅產生「客製化的微微型工廠」改變製造業，讓複製一個物件就像影印一份文件般的容易！而3D列印結合生技產業或許可見的未來，可以列印出一塊「上等的乾式熟成牛肉」，素食者亦可以食用。

目前，阿里巴巴的淘寶網已進行研究結合VR，讓消費者上網購物像逛「虛擬大街」；更輔導農村成為淘寶村、鎮，所有生產的農特產品全部在淘寶網販售、而所需之日用品均透過淘寶網購得，可預見的未來，「淘寶國」將成為「金流、物流、生產、銷售」的完整經濟國度，而這個國度並沒有國界，可以無限擴大「販售至全世界、購買全世界」，淘寶國的金流也遍佈全世界。

有人預測，VR將取代手機成為新一波人類的隨身科技，透過VR的多元運用，網購變成逛零售店、分隔兩地之人將可虛擬式的千里共遨遊。

人工智慧的快速開發，不僅於日前打敗棋王、亦可成為理財專家、撰寫新聞稿、擔綱翻譯……，無人車、無人機挑戰著未來的法規管理。一波波無法可擋的科技創新商業模式例如Uber、Airbnb、FinTech，從「人」出發，透過網路平台、分享，結合所有人的小資源創造大經濟，是創舉但也充滿危機，這些都考驗著政府法規管理者的智慧與應變速度。

台灣在數位經濟管理的應變政策是不足的，而世界的翻轉變化是不會等人的。文創5.0的時代，各行各業準備好了嗎？

作者序

你投資健康了嗎？

當天然保健法成為時代主流後，各種健康食品與藥物，紛紛搭上流行列車，琳瑯滿目的養生產品，使一般消費者無所適從，殊不知最安全健康的素材，就是上帝所賜與的大自然食物。黃帝內經素問記載：「五穀為養，五果為助，五畜為益，五菜為充，氣味合而服之，以補精益氣。」，唐孫思邈指出：食能排邪而安五臟，悅神爽志，以資氣血。因此若能均衡攝取蔬果肉品，吸收食物精華，則能陰陽雙調，五臟具補，因此投資健康的第一步，就是均衡飲食。

中醫將大自然食物及中藥，以「性」「味」加以分類，其中「性」，即為屬性分為寒、熱、溫、涼、平等五種，「味」即味道，包括酸、苦、甘、辛、鹹等五味。平性食物適用於一般人或任何體質，溫熱性食物具有補氣、養血藥、及溫陽的作用，適用於氣虛、陽虛、血虛等虛冷體質，寒涼食物則有滋陰及退火功效，適用於乾躁、火旺等熱性體質；在五味方面，則分別歸屬於五臟，如酸入肝、苦入心、甘入脾、辛入肺、鹹入腎，因而產生不同的滋補效果。所以在選取食物之時，應根據身體虛實寒熱的情況來進食，所以投資健康的第二步，就是了解體質，正確進食，調節陰陽；體質不明時，每天都應攝取平和、涼潤及溫暖的食物，不要偏於寒涼或過於燥熱，就不會產生偏食的後遺症。

在一年四季，各有不同的特徵，如春天多風，梅雨季時濕氣重，夏日火熱亢盛，長夏暑濕重，秋季天乾物燥，冬天則陰寒氣盛，然而在人們逐漸破壞大氣層，溫室效應使全球暖化後，天氣變化劇烈且不穩定，大氣中風、寒、暑、濕、燥、火，常出現在不應存在的季節，遂成為危害健康的常見毒素，產生錯綜複雜的合併症，所以投資健康的第三步，就是順應四時，滋補氣血，強化五臟，減少不良氣候的傷害。

現代社會，人們常因過度勞累，熬夜或睡眠不足，又缺乏適當運動，不僅無法維持正常新陳代謝，嚴重則使健康由黃燈變紅燈，提早出現衰老病症，因此適度固定的運動，睡眠充足的保肝美容覺（最晚午夜12點以前就寢），就是投資健康的第四步。

選擇不含毒素、無污染的優質養生中藥與天然新鮮食物，根據四時節氣與體質，適當調養陰陽氣血及五臟六腑，為投資健康的最後一步。

身為臨床中醫師，接觸到各行各業、不同背景的各種病人，深深體會到「健康是每個人的基本需求」，然而「疾病保健的基本概念」，幾乎是人人欠缺的常識，因為若無正確養生觀念，空有仙丹靈藥，也無法快速康復。當身體出現任何病痛，總先以諮詢家庭醫師為先，在治療的過程中，配合正確的飲食原則，再施以藥膳調理，能增強療效，減少疾病復發率，才是全方位的疾病保健法。

第五波——現在，人類已進入「創新社會」

目錄
CONTENTS

前言

開授未來學多年，我持續呼籲社會及政府，由於社會持續變遷，處理問題的觀念要跟得上時代。以財政問題為例。傳統思維認為政府財政不會倒閉。是以遇到財政問題，好像立法院通過預算追加就得以解決。殊不知，政府是可能破產的。從國家財政到地方政府都可能破產。冰島政府財政破產及美國底特律城破產都是殷鑑。

同樣的，老後生活的形式也該有所轉變。以北歐及日本為例，在社區中「終老」已成為主流。而台灣還停留在家庭或安養機構擇其一。這形成了家庭負擔，再加上安養機構不足，也造成了養老的社會問題。其原因就是，台灣養老及養育子女的思維還停留在工業社會，認為家庭要負主要的責任。然而，這種思維已不符合時代的需求。

因此，本書提出「第五波」的概念，指出人類已經從農業社會的「第一波」進入工業社會的「第二波」，遠至1980美國學者艾文。托佛勒（Alvin Toffler）出版「第三波」（The Third Wave）一書，倡導第三波經濟是資訊網路和知識經濟時代。

1993年美國管理大師杜拉克，主張知識的運用與製造才是經濟成長的動力，提出「知識社會」來臨，亦即「第四波」。現在，人類已進入「第五波」。

有朋友問我：「以什麼標準來區分這些社會呢？」

我告訴他：「隨著社會的變遷。」

區分社會有許多標準，最常用的標準就是，以這個社會最重要的「競爭力」來區分。在農業社會時代，「農產品」是最重要的競爭力，因此台灣最初靠著香蕉及甘蔗出口，賺進了無數的「財富」。進入工業社會後，工業產品及原料成為社會最重要的財富，因此工業產品的「生產及管理」成為顯學，大學紛紛設立「工業管理學系」。可想而知，在當時工業製品的「生產及管理」已經取代了農產品，成為工業社會獲得財富的核心競爭力。在工業社會之後，就是資訊社會，「資訊」成為最重要的競爭力，資訊產業儼然成為主流產業。大學也隨之設立了「資訊科學」、「資訊管理」、「資訊工程」等科系。新竹科學園區的設立就是長握了資訊社會的IT產業潮流。

爾後，進入了知識社會，知識當然是最重要的產業，所以可以預見的，知識成為最關鍵的核心競爭力。由於「知識」乃經由「學習」而得，「學習」的良窳將影響

「知識」的品質與競爭力。由於不同社會，會有不同的產業及競爭力，同樣的，不同的社會，亦需要不同的教學模式，才能將新社會所需要的競爭力教授給學習者。

選擇未來委員會

由於研究未來的重要性與日俱增，獲得許多國家政府重視。任何政府均要對施行的政策進行規劃，基本上規劃是為「未來」而設計，從這個觀點看，沒有未來觀的政策規劃是相當危險的。政治上有一句名言：「錯誤的決策，比貪污更可怕」，這些設有未來研究單位的政府一定深知在這快速變遷的社會中，「沒有前瞻性及未來研究作決策之依據，極易產生錯誤的決策。」為增進規劃政策的品質，瑞典政府的內閣中就設有「未來部」，該部對未來的研究結果提供給各部會作決定政策之重要參考。此外，美國、法國、南韓甚至印度都在政府決策單位，設有未來研究機構。

在日本，安倍政府成立了「選擇未來委員會」。他認為未來是可以經由規劃來選擇的。也就是說，經由良好規畫，可以選擇較好的未來。安倍政府在推動經濟改革時發現，人口是最重要的經濟成長因素之一。1990年代初期，日本平均國民所得排行世界第三，現在掉到第十。「選擇未來委員會」全方位的分析，人口結構的變遷對國家經濟的影響，這是第二次世界大戰後，首次全面性的討論人口議題。分析指出，日本的問題在勞動力萎縮，人口減少幅度加劇。

日本現在的人口總數是一億兩千萬，根據當前少子化的生育趨勢，預估2060年人口減少到8700萬。日本首相安倍晉三警覺此一人口減少危機，遂將人口問題，從福利政策提升到國家經濟戰略層次。提出政策及目標，要讓日本人口能在2060年具有一億人口。新加坡則加速引進外國移民，以減緩人口老化及增加工作人口數。

日本經濟研究中心建議，日本人口最好維持在九千萬人。要達成此一目標，需提高出生率由1.4到1.8，此外，還要提高移民數，從每年四萬增加到二十萬。委員會最後結論是不依賴移民，而所缺的成長人數必須提升出生率到2.07。安倍政府已經宣布此一政策。然而，從未來學的角度來看，這個不提升移民數的決策是錯誤的。新加坡為何持續吸引各國人才移民，就是看出來，未來的社會出生率很難提高。農業社會體力是最重要的競爭力，所以，各家庭都努力生育。現在的知識社會，腦力是最重要的競爭力。要養育小孩到大學以上，需要許多的金錢與時間，再加上M型社會形成，貧窮線生活的家庭越來越多，這是出生率持續降低的原因。這些條件不改變，再者，日本負債惡化已超過希臘，政府補助生育措施能量有限，要想提高出生率到2.07是幾乎不可能的任務。

在此要指出，從提高出生率著手來解決少子化問題，只是其中方案之一。因為，要提高出生率，在知識社會中，相當不易。看看，台灣出生率從跌破2.0後，一路跌，民國99年跌破1.0，成為世界上出生率最低的國家。這期間，政府不也是努力鼓勵生育嗎？

2016年台灣老人數將達到311萬，這是台灣史上第一次，老人總數超過小孩。面對此一驚濤駭浪的人口懸崖，台灣的警覺度比諸多國家相對偏低。跟日本相比，台灣的情況相對嚴峻。日本出生率約1.4％，老人福利支出是台灣的兩倍。此外，60～64歲的人口中，日本有六成在工作，台灣只有三成。然而，日本已宣布推動「健保與長照保險整合計畫」，以因應日本進入「超高齡社會」。在日本，從政府、學校、醫療、長照體系，再加上企業，共同建立全面性的體系來共同承擔。即使如此，人口還是持續下滑。台灣，相對的，仍將照顧老人及養育兒女仍由家庭負擔主要責任。那也難怪台灣出生率持續下降。

高齡化、少子化衝擊國家競爭力

高齡及少子化的問題，必須全面性的探討，以提出解決方案。我為文呼籲政府，應正視少子化帶來的社會危機。２０１０年台灣生育率跌破１％，且人口總數出現負成長從原預估的２０２６年提前到２０２３年。很清楚的，少子化已是國安層級的問題。

人類已邁入知識社會，知識社會的科技發達，讓人類壽命大幅提高，造成了高齡化社會。其次，「少子化」特性，讓社會人口結構已逐漸從農業社會的金字塔型態翻轉成倒金字塔。也就是說，繳稅的工作人口越來越少，領退休俸或福利支出的越來越多。民國93年，退休年金資出達２１００億，為93年的全國個人綜合所得稅收總額。94年至今年１０３年，則是持續攀升屢創新高。要知道，退休制度是公務人員安心工作的重要制度。然而，「徒制度不足以自行」。退休制度要能永續，必須要人口結構是金字塔。亦即，多數的人交稅，繳退休準備金，少數人領退休金。如何增加出生率，已經是全球共同的問題。

２０１６年台灣從十五歲到六十五歲的勞動人口達到最高峰，為１７３７萬人。

接者，往後10年，每年減少13萬。2026年將減少到1607萬。經建會公佈，我國人口持續萎縮，預計2106年，台灣人口將只剩下800萬人。人口結構快速成為倒金字塔形狀來看，許多退休基金及福利制度將會崩解。這對公教人員將造成重大衝擊。是以，退休制度的改革，已達克不容緩的情況。

台灣人口結構在1951年時，65歲以上老人佔2.5%，當時約22.7個人養一位老人。到了2008年65歲以上佔10.2%，約6.9人養一位老人，到了2014年將是約3.5個人養一位老人。日本因為人口老化，現在的國家財政赤字已高達兩年的國家GDP。所以，被許多財經部門評為財政危險國家，就是因為人口老化，造成工作的人減少，要養的老人增加所致。我國財政近年來快速惡化，人口老化正是主因之一。為應付此一變局，需要新的生涯規劃思維。要維持國家稅收，就必須要有足夠的勞動人口。台灣軍公教平均53～55歲退休。台灣中高齡勞動人口比率，亞洲四小龍中最低。也因此各種退休基金岌岌可危。

再看，我國現在平均壽命約80歲，平均退休年齡不到60歲。也就是說，退休後要準備好20年的生活費用。如果未來勞保、健保不再有保障，那退休後的生活費加上醫療費用更是沉重負擔。準此，在我《LQ學習智商》中提出，每個人都要為自己的一生做準備，好好規劃一生的旅程，不要讓自己成為兒女或社會的負擔。要達成此一目標，退休後所儲存的金錢，要能養護自己到人生終點。

要知道，平均壽命不是一成不變的。在農業社會，活過五十歲，稱為半百老翁，或半百老嫗，人生七十古來稀。在工業社會，平均壽命增加，各國平均壽命60～65。所以，55～60歲退休，約5年時間休養晚年，這是社會所能承擔的。現在的社會平均壽命將會在80～85之間。是以，如果國民平均在55～60歲退休，國家財政將無法承擔。所以，許多先進國家都已將退休延至70～75歲。丹麥則是根平均壽命的增加，自動調整延後退休年齡。十年前我就呼籲應重新定義老年，認為75歲才可稱為老年。想想，如果75歲才算老人，那將立刻增加65～75歲的工作人力。很欣慰的，日本選擇未來委員會創立新名詞，即「新生產年齡人口」，重新定義二十歲以上，七十歲以下為勞動力人口。東京大學高齡社會綜合研究所特任教授秋山弘子更指出，「退休年齡這個觀念可以廢止了」。在可見的未來，人可以活到九十歲。現在觀念六十到六十五歲的退休年齡，在未來只能算中年人。這也是為什麼台灣將公務人員退休年齡延後，從七五到八五，未來九十都是可以預見的。公務人員亦應體認，唯有延後退休年齡，整個退休體系能永續，退休制度才能真正有保障。

日本已修正並延長了退休年齡的概念。日本東京大學與千葉縣柏市市政府部門合作推動「高齡者就業」先導計畫。研發適合高齡者的職業與環境。推動一年已成功讓156位老人到各機構上班，如課後托兒班、長照養老院及植物農場等。其中，最高齡者為八十歲。有鑑於老人對養植農業很有興趣，東大與建商合作，將閒置的建築物改成溫室，設計良好的植栽架構，老年人不需要彎腰，蹲下，即使坐輪椅也可以澆水灌溉及採收。

日本經濟遲滯遇到最大的困境就是「缺工」。經濟遲滯導致稅收減少，稅收減少連帶福利支出的預算就減少，對老人照護當然就雪上加霜。是以，日本大力推動提升人口數。台灣，在增加人口政策方面，政府應訂定更優渥的獎勵生育辦法，以鼓勵生育。其次，推動移民入台。紐西蘭及新加坡都大力推動移民，吸引優秀的外國人民到他們的國家，除了提升國家競爭力，也舒緩人口老化。台灣的移民政策與外國人才就業政策過於保守，宜盡速修正。因為，台灣不留人才，人才就到外國。原本是台灣的人才，台灣將其送給其他國家，成為其他國家的人才，再跟台灣競爭，這錯誤的人才政策應盡速修正。

第1章 創新社會形成：不創新，就淘汰

時間移民

曾在台灣是金飯碗的金融業，最近有80萬員工面臨不轉型就淘汰；長期被視為鐵飯碗的師範畢業生，現在有四萬多名流浪教師；一直被視為高不可攀的象牙塔大學，開始接二連三的關閉，連被認為是鋼飯碗的大學教授都飯碗快不保；無人駕駛汽車的研發，將導致駕駛的工作機會減少。如同電腦排版取代了打字排版公司；教育部的博士資料有八千多位薪水22K；高學歷高失業率；啃老族越來越多，教育部青年署成立啃老族處理委員會；政府持續提出退休基金面臨未來的破產。

教授未來學多年，經常被媒體訪問上述問題。我的回答是：「會發生的事，必然會發生」。從未來學的角度看，這些問題有的早在幾十年前就種下的「因」，今日只

是承擔其「果」。比如，退休基金破產，就是當初制度設計錯誤的「因」，造成將來必定破產的「果」。這在退休5.0的章節有詳細說明。啃老族主要則是家庭教育種下錯誤的「因」，所造成的結果，這在教養5.0的章節有系統性的說明。有的是隨著科技的發達，自然會形成。比如，三輪車被計程車取代；會計報表計算被電腦程式取代；銀行的存取款服務被ATM取代。

何謂「未來學」？在課堂上，有學生問此一問題。這個名詞需要解釋一下。這是真實的故事，上我未來學的學生儀珮，有一次在課堂上說，儀珮的母親看到成績單說有一名課被指出曠課，要她注意。她跟她媽說，沒關係，偶爾兩堂缺課請假就是了。回家一看，成績單上那堂曠課的名稱就叫「未來學」。原來，儀珮的母親誤以為是儀珮沒有來上課。

在我的課堂上，提出問題、交流意見、激盪腦力是常有的事。未來學是一門新興的學門，許多人誤解未來學是算命或預測術，其實未來學在許多學者的研究下，已逐漸成熟成為一門學問。第一個提出未來學名詞的學者是吉爾費蘭（S.C.Gilfillan），他在其論文中說「未來學家（Mellontologist）是推論未來整體文明的人士，就如同考古學家能將史前文化合理的分析出來一般」。爾後，艾文．托弗勒（Alvin Toffler，1928），出版了《未來的衝擊》（Future Shock）、《第三波》（The Third Wave），引發了全球對未來學的重視。

在《未來的衝擊》一書中，托氏提出的未來「震撼」是指，個人在太短的時間內，接受了太多的外界變化，因適應不良而產生誤導與壓力。托弗勒強調，社會變遷的速度不會因人類的不適應，而緩慢下來，相反的，變遷的速度將越來越快。托弗勒預測的沒錯，現在社會變遷的速度，是他寫書時代的五倍以上。也因為「未來學」越來越受到重視，全球不少國家都成立了「未來學協會」，國內學校如淡江大學及佛光大學都設有「未來學研究所」。

由於社會變遷的速度急遽增加，且變遷的方式又與以往大不相同，致使在許多方面，連古老的格言「鑑往知來」、「以不變應萬變」已逐漸不能適用了。變遷的加快可從農業革命形成農業社會數千年，到工業革命形成工業社會不到兩百年，就快速引發一波波的科技文明浪潮。教育方式在這快速變遷的社會，同樣受到前所未有的挑戰，各種新的教育改革理念如雨後春筍孕育而生，如學習革命、ＥＱ重於ＩＱ、新學力觀等。艾文．托佛勒指出：送小孩上第二波的學校，強調考試與背誦既有知識與標準答案，需要反覆練習。這些教育方式是為工業社會時代的社會需要所設計。在現在的知識社會中，已經不符時代需求。為了面對新趨勢，美國已開設「新科技高中」，提供不給標準答案的教育，培養思考、判斷及解決問題的能力。由於變遷的多樣性及快速，需要瞭解變遷的原因，才能「知變應變」。

梅德夫人（Mead，1901）對未來變遷有深入的研究，她提出的「後塑文化」、「同塑文化」及「先塑文化」等觀念，清楚的分析了未來變遷的文化現象。「後塑文化」（post-figurative culture），乃指年輕人向年長的人學習的文化型態；「同塑文化」（cofigurative culture），則為同輩互相學習的文化型態；「先塑文化」（pre-figurative culture），與後塑文化相反，是年老的向年輕的學習的文化型態。

學生又曾在此向我提問：「為什麼會有這樣的區分呢？」

我則回答：「哲學家培根講課時一再強調，學習任何知識，不能只看表面，要看知識的內涵，看能不能找出『Form』，也就是規則，萃取分析出知識內部的規則。」

「後塑文化」是農業社會的產物，因為農業社會幾乎沒有變遷，下一代是上一代的翻版。活得越久，懂得越多。因此就會出現「我吃過的鹽，你吃過的米多」、「我走過的橋，比你走過的路多」的俗諺，這都是「後塑文化」的產物。人類進入工業社會後，社會開始變遷，但變遷速度不快，大約一個世代才有明顯的改變，所以，出現了「代溝」的名詞。在工業社會就是「同塑文化」，是指各自的世代相互學習。到了第三波資訊社會後，變遷日益快速，下一代懂得新科技已超過上一代。締造了人類有史以來的特殊現象「世代超越」。

在解釋過後又曾有所領悟：「我學到第一個Form了，社會變遷的速度決定了哪種型態的文化。這個Form也告訴我們，在後塑文化中，過去支配現在，在先行文化中則是未來支配現在。」

在這裡介紹第二個Form，「時間移民」，與「空間移民」的觀念。

這時學生儀珮問：「何謂時間移民？」

我反問儀珮：「如果要移民到阿拉伯，要不要準備？」

儀珮：「當然要啊！要學阿拉伯國家的語言，了解阿拉伯文化，學會在阿拉伯生存的謀生能力。」

我便回答：「沒錯，然而，為什麼要準備這些？因為阿拉伯跟我們是不同的社會。要移民到不同的社會，當然要準備。想想，阿拉伯為什麼跟我們是不同的社會，是因為空間不同造成不同的社會。」

此時庭安回應：「我知道了，因為空間不同會造成不同的社會，同樣的，因為時間不同，同樣的空間也會變成新的社會。如，從農業社會進入工業社會，或是從「後塑文化」進入「先塑文化」。這就是『時間移民』。」

我回應庭安：「You got it。因為空間不同造成不同的社會，我們要移民過去，我們有警覺，要準備，否則很容易被淘汰。因為時間不同造成的新社會，當然也要有時間移民的準備。第二個Form是，社會持續變遷，時間移民是現在進行式，隨時要新社會的變化，以進行移民的準備。」

2000年我獲得宏碁創立的文教基金會的多專業獎，因為那時候我有六個專業。有朋友問我為何獲得此獎，

我回答：「因為工業社會一個專長就夠，資訊社會要兩個，知識社會則需要多專長。我在工業社會就看出來移民到未來的知識社會要多專長，所以，我及早學習多專長，所以，獲得該獎項。」

同樣的，看出未來社會需要多語言，所以，學習了多種語言，學習語言的方法將在語言5.0章中討論。

再以指導研究生為例。我指導的博士生拿到博士學位的有幾十位，其中一位於2014年就擔任國立大學校長。有不少現在於各大學擔任教務長或總務長及資訊中心主任等。比如，真理大學總務長周鈺和教授及北教大資訊中心主任林仁智教授。

1988年回國後，我擔任淡江大學資訊工程系主任時就鼓勵碩士生研讀博士。然而，2006年後，碩士生找我寫推薦信要讀博士時，我就建議它們到業界工作，等工作穩定發展，有興趣或需要再讀博士。

碩士生問我：「為什麼鼓勵學長讀博士，卻不贊成我讀博士。」

我則回答：「因為，社會變遷了。博士已經快過多了。一個社會不需要那麼多的教師，培養過多的教師，就會製造流浪教師。一個社會不需要那麼多的博士，培養過多的博士，就會製造流浪博士。你們再花五到六年讀博士，等你們畢業，很多機會都不見了。而且，因為少子化，大學教師的職缺也會大幅減少。」

許多學生聽我的建議，現在，在IT產業都有不錯的職務。近幾年，大學畢業生，找我寫推薦信，要申請碩士班。我的回應是，除非這個研究所，有特殊的專長。否則，先到業界工作，看自己的興趣及未來生涯的需要，再回來讀在職的碩士班。不要因為讀書而耽擱了工作機會及工作年資。在工業社會，花七到十年讀碩士到讀博士拿到學位，那種生涯規劃是ＯＫ的，因為博士少博士缺多。然而，當隨著時間從工業社會移民到了知識社會，情況已經完全不同了。

第二個Form「時間移民」要好好運用，不要被舊社會觀念束縛，要為新的社會而準備。下面另一個Form可以讓你更清楚，如何為移民未來而準備。

第三個Form，「萃往析來，鑑來知往」。在這快速變遷的社會，已無法光靠過去來探討未來了，甚至應培養未來觀，即「未來導向」才能解決現在的問題。「歷史導向」就是「鑑往知來」也就是農業社會的「後塑文化」。由於下一代是上一代的翻版，所以，從以往的經驗就可以推動未來，形成「鑑往知來」。然而，進入資訊社會後，變遷加劇，農業社會的人看不到工業社會，工業社會的人看不到資訊社會。也因此，要先能分析出可能新社會的風貌，才能正確的為未來的社會而準備。所以，學習未來學的主要功能之一就是，如何萃取分析出可能的未來社會。就如同托佛勒在四十多年前就分析出資訊社會形成，彼得·杜拉克在三十多年前就分析出知識社會形成。

亦即「萃往析來」，從既有的資料分析出可能的未來。然後，以這個分析出來的未來社會當做「殷鑑」，以能正確準備走向未來，也就是「鑑來知往」，其意涵就是「未來導向」。簡而言之，第三個Form就是我們要學習分析判斷未來社會，然後，好好準備移民未來。教育部有八千多個博士的薪資收入資料，平均是兩萬兩千元，原因就是停留在工業社會的思維，以為讀到博士就會有高薪收入。不知道已經由時間移民到「高學歷高失業率」的新社會。

由於研究未來的重要性與日俱增，獲得許多國家的政府重視。任何政府均要對施行的政策進行規劃，基本上規劃是為「未來」而設計，從這個觀點看，沒有未來觀的政策規劃是相當危險的。政治上有一句名言：「錯誤的決策，比貪污更可怕」，這些設有未來研究單位的政府一定深知在這快速變遷的社會中，「沒有前瞻性及未來研究作決策之依據，極易產生錯誤的決策」。為增進規劃政策的品質，瑞典政府的內閣中就設有「未來部」，該部對未來的研究結果提供給各部會作決定政策之重要參考。此外，美國、法國、南韓甚至印度都在政府決策單位，設有未來研究機構。美國甚至在其小學及中學都開有未來學之課程。相信將來教育部門對未來學的重視會如同電腦一樣。屆時認知未來學（Future Literacy）可能就如同認知電腦（Computer Literacy）一樣成為教育中的必修課程。

移民到創新社會

在博班「教育未來學」課程中有幾位特殊身分的學生。來自大陸的趙杰教授、東南科技大學的副校長益吾及金門大學的院長董燊。

在一次課堂上，趙杰教授問：「教授，從未來學的觀點，能否告訴我，為什麼「創新」越來越重要，各行各業都在談創新。為什麼在農業社會時，「創新」被視為「異端」，現在則被高度重視。」

我回答趙教授：「從社會變化的Form（規則）去找答案。這個From就是社會變遷的速度。」

人類進入農業社會後，「農產品」是最重要的競爭力之一，因此「地大物博」成為國家的競爭力，「體力」成為個人重要的競爭力。在農業社會中，社會幾乎沒有變遷，下一代可說是上一代的翻版。這也出現了「活得越久，懂得越多」；「嘴上無毛，辦事不牢」。整個社會瀰漫著「守舊」，「墨守成規」的文化下。在此情況下，「創新」成為社會的「異類」。哥白尼的「地動說」遭到當時教會無情的打壓就是一例。

兩百年前，由於「工業革命」人類進入了「工業社會」。「工業」成為社會的主流產業，「工業」的生產效能管理影響企業及國家競爭力。因此，大學出現「工業管理系」。「科技」取代了「地大物博」及「體力」，成為重要的競爭力。小小的英倫三島組成的英國，成為世界第一強權，在全世界殖民，號稱「日不落國」。在工業社會，社會開始變遷，然而，變遷速度不大，大約每個世代會感覺思想及生活方式有所不同。所以，社會出現「代溝」的名稱。

三十多年前，1980美國學者艾文。托佛勒（Alvin Toffler）出版《第三波》（The Third Wave）一書，提出第二波的工業革命將被第三波的資訊革命取代，在資訊社會中，「資訊」將成為社會的主流產業。資訊產業在全球蓬勃發展，爾後，在大學的「工業管理系」遂逐漸被「資訊管理系」所取代。在資訊社會，社會變遷的速度加快，約每十年會感受到差異，於是，社會出現你是「幾年級？」的說法。創新的重要性開始受到社會重視。

二十三年前，1993年美國管理大師杜拉克，主張知識的運用與製造才是經濟成長的動力，提出「知識社會」來臨。「知識」成為社會中的主流產業，「知識」也取代「資本」成為社會上最重要的競爭力。大學中亦開始設立「知識管理系」。在知識社會中，社會變遷更加遽，社會感受到「不創新，就淘汰」。

趙教授說：「我知道了。創新越來越重要就是因為社會形成的Form。這個社會的Form就是社會變遷的速度與創新的重要性成正比。

回曰：「由於社會持續變遷，我提出『創新社會』，在創新社會中，『創新』是最重要的競爭力，很清楚的，『學歷』不見得等於『創新力』，同樣的，『高學歷』不等於『高創新力』。比爾蓋茲、賈伯斯及祖克柏都是中輟生，他們都是因為「高創新力」而創立了世界知名的企業。」

董燊院長：「也因此，大學開始設立「創新管理系」。在「創新社會」要開發創新能力，成為創新者（Creater）不要當跟隨者（Follower）。因為創新者的競爭力及收入遠高於跟隨者。」

董益吾副校長：「大學真的被第五波少子化的巨浪衝襲的很嚴重，現在經常要到大陸及東南亞招生。」

提升創新的能力

☑ 創意性格——好想挑戰

守舊不願接受新事物性格的人，是無法有新創意的。不少人認為性格是天生的，其實不然，性格是可以修正及培養的。林肯年輕的時候，脾氣火烈，講話絕不饒人的鬥雞。中年後，經過磨練，成為溫文儒雅，寬大包容的君子。既然性格可以培養，且性格會影響創意開發。要提升創意能力，就要培養創意性格。

我在此提出「好想挑戰」的創意性格。面對任何問題與事情，都要具有高度想挑戰的態度。我以前的性格是得過且過，大學時喜歡打麻將不喜歡讀書。後來發現，這樣的態度會被社會淘汰。所以，開始思考，如何挑戰自己，開發自己的潛能。好想挑戰又可分為四個項目：好奇心、想像心、挑戰心、戰勝心。

(1) 好奇心

人類經常會被既有的思想及觀念綁住，一但被觀念綁住，就會失去好奇心，創新也就停滯了。例如，密西根儲蓄銀行總裁認為汽車根本不可能成為交通工具。當亨利。福特的律師要投資亨利。福特開設汽車工廠時，總裁向律師說：「馬車會繼續存在，汽車只是笑話一場的白日夢罷了」。

1899年，美國專利局主任委員查理斯。杜爾（Charles H Duell）向麥津利總統提出報告，報告中指出，能夠發明創造出來的東西，都已經被發明了。所以，建議總統撤銷專利局。限囿的思想模式，就是創新的大敵。要有創新能力，一定要先將思想的大門打開，不要有先入為主的觀念，對任何事都要有好奇心，好奇可不可以改變，可不可以更好。我在北教大擔任校長時，司機林克穆先生就是很好奇我為什麼可以講那麼多語言，後來問我學語言的方法，很快的英語朗朗上口，東森電視還因此專訪他，在電視新聞持續播了一天。

福特就是有好奇心，好奇能不能開發取代馬車的交通工具。萊特兄弟是修理腳踏車的技術工人。但是，強烈的好奇心驅策他們去問「有沒有可能有東西可以像鳥一樣在空中飛？」

(2) 想像心

有了好奇心之後，福特開始去想像，如何開發出能夠載人類的交通工具。同樣的，萊特兄弟開始發揮創意，思考想像什麼樣的設計，可以讓機器飛上天？賈伯斯帶領蘋果從虧損轉為高盈利就是有著豐富的想像力，思考出讓人驚豔的各項資訊產品。

(3) 挑戰心

萊特兄弟，一次又一次的設計飛行器，雖遭到一次次的挫敗，但是，絕不氣餒，再一次次的挑戰。3M是另一個例子，3M的創新產品失敗率達60%，但是3M的員工仍勇於冒險嘗試。這股勇於冒險的特質，讓3M成為全球矚目的知名創意企業，每年開發百種以上的新產品，獲取高度利潤。

(4) 戰勝心

光有挑戰心還不夠，還要有戰勝的意志。如果有了好奇心，想像心及挑戰心，但是，遇到困難或挫折後，就失去鬥志，停了下來。那萊特兄弟的飛機不會飛上天，福特汽車也不會馳騁在美國的土地上。哥倫布就是好想挑戰這四個特質，從好奇想像到挑戰，流著勇敢及冒險的血液，終於戰勝，成功的發現新大陸。

經營綠加利健康產品的王匯豐就有這個性格特質。他曾經營事業挫敗，快要走投無路。後來，重新出發，憑著堅強的挑戰心及戰勝心，在相當短的時間內，突破該事業體的記錄，締造了傲人的成就。他們團隊的藍佳榆、林秋伶、謝曜嶸、羅憶婕、吳承達、李孟娟、伍張甯、歐欽雄、張春芳、黃郁茗、唐偉倫等，都有這種強烈鬥志及挑戰求勝的性格特質。另外，年輕的設計師許甄芸也是不畏挫折，充滿了高能量的衝勁與挑戰。15年前，2001年就爭取設立台灣第一個「知識經濟學院」，成立後，擔任首任院長的淡江真理大學陳奇銘教授也具備這種開創特質。知識經濟學院下設有「知識管理系」及「創新管理系」都是現在社會需要的熱門科系。台大EMBA校友組成的逸世會，逸世會會長王培倫除了持續學習提升能量外，亦具有開創及挑戰的性格。師大運動競技系前主任林德隆及現任主任石明宗，在此次奧運，讓具資格參賽的選手人數，突破師大參賽學生記錄，也是經過兩位主任一次又一次激烈的挑戰。沒有堅持求勝人的性格，是很難達成目標的。從企業家跨界到大學經營的桃園創新技術學院的董事長羅時逢也是另一個具創新性格的例子。由於少子化，大學經營越來越困難。有些大學關門有些大學被併。在此艱困的情況下，羅時逢從企業的董事長接下了桃園創新技術學院（原南亞技術學院）的董事長。接任後，屢屢開創、挑戰與突破，校務蒸蒸日上，讓學術界刮目相看。

☑ 創意技巧——CREATE

(1) Combine

很多人以為創新一定是要全新的idea，其實不然，有不少創意是舊元素的組合（Combine）。春水堂的企業文化活潑充滿創意。有一天中午有員工買了粉圓到公司大家一起享用。結果，有其他員工鬧著將粉圓放到公司賣的冰茶中。在一陣笑鬧之下，主管覺得這樣喝起來蠻新鮮的，遂定調成為新產品，「珍珠奶茶」就是經由這樣Combine而來的。

淘寶網就是Combine了購物及交易的功能。迪士尼的飲水器有高有低，高的給大人，低的給小孩。高低飲水器的角度設計讓大人與小孩在飲水時，會互相看到對方的臉。這種設計Combine飲水及親情相會的功能。

大部分的生產與銷售方式都是生產與銷售分開。生產者生產了產品後，交給通路去銷售。比如，出版社出書後，由書店來經銷。葡萄王生技公司採用了Combine，自己生產，自己設立葡眾子公司直接銷售，結果締造了相當好的績效。

位於台北的全心醫學聯合診所暨健康管理中心有鑑於現在醫療資源濫用及分工過程造成過多的醫療諮詢或就醫，使病患難以在有效率及即時管理自己的健康。遂推出整合性的醫療服務，打破傳統冗長的就醫流程。在即時了解自己的健康情形，可得到立即且適當的處置。中心具備教學醫院等級的專科醫師群，可以提供聯合門診服務；除了提供傳統的檢查套餐外，能量身訂作的個人健檢服務；並在同一天最快時間完成檢查報告，並立即給予治療服務。對於重大病症也能立即轉診至醫療中心，做最快速的處置。這提升了效率與醫療服務品質。這對政府未來規劃台灣成為觀光與醫療島有正面的效應。

上創新思考課時，劉美慧老師、王佳惠、黃筱君及魏道楠及江梓良找我討論，為何我說我每天走一萬步是創意。

我告訴大家：「大部分人走一萬步是下班後，走運動場或是公園。我是將一萬步跟通勤Combine再一起。」
美慧：「如何Combine？」
回曰：「我家在民生社區介壽國中旁，我每天都從家中走到兄弟飯店旁的捷運站，而後，從搭捷運到科技大樓，再走到我們學校。回家前，我會檢視是否達一萬步。如果未達，我會利用行程中的交通方式達成。比如，假使晚上在國賓飯店用餐，我會在台北車站下車，再走到國賓飯店。」
佳慧：「這樣會不會浪費時間？」
回曰：「不會啊！我走路的時候，可以思考，也可以復習我學過的語言或是文章。哲學家康德每天四點出門走路，邊走邊思考。」
筱君：「沒錯，老師在學習5.0中有介紹了『行動學習』。」
道楠：「我瞭解了，老師將通勤、運動及思考、學習，Combine在一起了。」

奇思創意公司在桃園客家事務局舉辦桐花祭活動也是另一個運用combine成功的例子。奇思創意公司創意總監魏文琳發想，能不能讓人們在都市也可享受到觀賞桐花的樂趣？於是，從文化的本質出發，融入客家元素及潮流、結合科技，突破傳統方式呈現桐花意境。結合3D科技開創桐花3D地景藝術，讓現代人在都市叢林裏就可以感受到漫步在桐花步道的感受與感動。因為是全台首創，成功引發了城市行銷議題。此外，桐花祭活動中非常受歡迎的「桐花咕咕鐘」。桐花咕咕鐘時尚討喜且全台唯一，每個整點報時，都會有代表客家特色的人物配合客家音樂，一一跟大家見面打招呼，進行更多的互動，而不是只是一個裝置藝術，讓整個活動增添活潑歡樂氛圍。

桐花咕咕鐘

(2) Reverse

工業社會的工作模式是「按表操課，按步就班」，這形成了「SOP」。而這樣的思考模式逐漸養成後，就會形成朝固定的方向思考。逆向思考的方式，則是將平常的思維模式，倒過來想。通常，一倒過來想後，會激發出新的創意。倉儲管理面對著堆積如山的貨物，清點貨物是非常巨大且繁雜的工作。於是乎，有人想為什麼要人去找貨物清點，為什麼不是貨物主動告訴人它在哪裡？在這個逆向思考下，發明了電子標籤，創造了高效能的倉儲管理。

新竹縣環保局開發的的義民廟神豬（照片）文創商品，就是採用Reverse。圖上的神豬是由最難處理的玻璃瓶廢棄物所製成的。當初的想法就是讓要處理的廢物變成可販售的商品。由於新竹縣客家的重要信仰就是義民廟。所以，採用義民廟的神豬作外型。這創意商品，銷售情況良好。一方面，減少了廢棄物的處理，另一方面，縣府增加了收入，可說是「一舉兩得」。

我去環保局演講時，跟大家說，還可以再運用Combine創意技巧。我在北教大擔任校長任內，當時的藝術系主任羅森豪，跟我說為了慶祝校慶，藝術系要製做兩百個玉佩來義賣。有一天開車帶我去基隆的關帝廟，當日關聖帝君出巡，我們上香後，羅主任就擲了筊。然後，就拿了很大的袋子裝了香灰。回北教大後，將香灰加入玉珮製做的過程。買玉珮除了好看裝飾還買到保佑。校慶當日兩百個玉佩一下子就

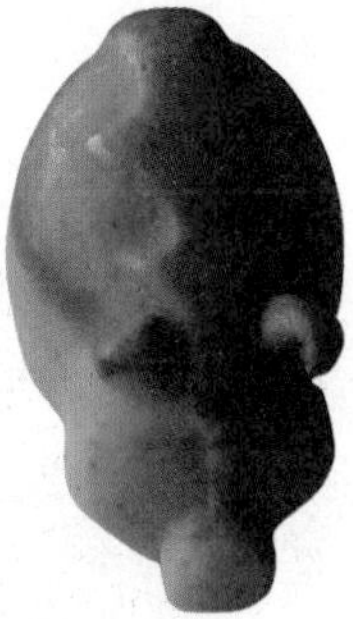

神豬圖

賣光了。我跟環保局的同仁說：可以請縣長去義民廟上香，然後，將香灰帶回來融入神豬，那將會增加銷售量。

ＩＱ的思維就是學習不好就是頭腦不好，也就是頭腦優劣決定學習效果。當我看到頭腦開發不到10％的報告後，逆向思考，不是頭腦的問題，是學習方法的問題，提出ＬＱ學習智商。大陸知名的網路送餐「餓了嗎？」就是四個朋友夜間想吃宵夜時，突然逆向思考，為何要出去吃，如果可以上網叫菜有人送來，不是更好？後來逆向思考創業開店，現已有上萬名員工。

玉佩圖

(3) Effective

比原來處理事情的方式更有效率就是創新。擔任北教大校長時，秘書莊巧玲問：

「校長，你要主持這麼多會議，做這麼多事情，我原本以為你會很累，生活很緊張。沒想到，不但不累，生活又很輕鬆，這是如何做到的？」

跟巧玲說：「因為持續開發創新會議主持及效率時間管理。是以，經常有企業找我去演講『效率的主持會議』及『效率的時間管理』。」

十年後，我受邀到台北市教師會做各國教育政策演講時，看到上午的教師人權課程的授課教師名字是莊巧玲。我跟主辦單位說，跟我擔任校長時秘書同名。當時的會長洪宗男跟我說：她就是校長以前的秘書啊！演講後，我打電話給巧玲，問她怎麼當了律師？

她說：「當律師一直是我的心願，看到校長那麼忙還每年開發新的學術領域，學新樂器，還寫書。做事情及學習都很有效率。我相信校長提出的ＬＱ學習智商的觀念，我就利用上班以外的時間學習法律，準備考律師，由於運用效率學習，順利考取律師，就開律師事務所了。而且，是跟你的好朋友紀文清合開喔！」

我跟巧玲說：「真有妳的，妳就是運用ＬＱ成功的好例子。妳找紀文清合夥開律師事務所，那是相當明智的選擇，他的理論很強，實務經驗相當多，是難得的人才。」

高鐵的開發就是考慮更有效率的到達目的。中國大陸的高鐵建造商，有一次跟其他國家的高鐵建造商競標高鐵工程。最後，中國大陸建造商勝出，原因就是競標項目中有一項重要的評比，這評比就是蓋高鐵樑柱的效率。對手建造商兩天完成三根樑柱。中國大陸建造商一天完成一百根樑柱。

固粘氈的創新產品是另一個高效率的例子。在台灣不少的屋頂是以鋼板為結構，其缺點是鋼板容易吸熱，讓室內溫度快速昇高。要降低燥熱工作環境，需要花大量能源來降低溫度。此外，台灣屬於海島型氣候，潮溼、多鹽份的環境，鋼板屋頂容易生銹而漏水，這又造成漏水的困擾。昭志公司的董事長陳明焜投入研發產品，希望研發出來高效率的產品能夠一次解決上述問題。經過多年的研發及試驗，開發出固黏氈，不論是舊的或新的鋼板屋頂，只要一鋪上固黏氈，一次完全解決以上三大缺點。陳明焜更以負責任的態度保證：1.隔熱，降低15℃以上。2.鋼板屋頂保證不漏水。3.防銹。4.並保固十年。否則，全額退費。由於固粘氈的效果非常良好，受到許多媒體的報導。在能源缺乏且全球暖化的時代，陳明焜的創新，高效率的降低室溫，為能源的節約帶來另一種希望。

在教學5.0的章節中我將介紹TQ（Teaching Intelligence Quotient）教學智商，指出，老師可以創新開發效率的學習法，讓學生學習的更有效率。學日語要先學五十音，所以，開發了《一小時學會五十音》。同樣的，當得知印度跟韓國在背「19×19乘法表」時，開發了《一小時學會22×22乘法表》。

(4) Add

對同一件事物，增加其價值。比如，傳真機發明後，增加了電話的傳輸功能價值。馬雲成功的讓光棍節增加了銷售的價值。

愛迪生發明留聲機時，就是因為認為有十點對留聲機功能的顯需求，所以才積極開發留聲機。只是，發明留聲機後，發現原來的顯需求，市場需求量並不大。於是乎，有人就嘗試著去找留聲機的其它隱藏的需求，其中一位找到了可以當唱片的功能。然而，愛迪生卻不以為然，認為這種聽音樂的功能太不端重，不符合他開發留聲機的精神，所以，遲遲未答應運用在錄聽歌曲上。直到後來，試驗運用於歌曲的錄聽上後，發現市場需求風擁而至，才搖頭嘆息說，當初怎麼沒有想到這個需求！

在語言5.0的章節中我將介紹看電視影集學英語，目的就是讓休閒看電視影集時增加學英語的功能。我在《驚豔台灣》提出的以「諾亞方舟」為主軸的10項文創生態之旅就是將台灣在地球史的重要地位Add到觀光上。在歐洲文藝復興vs.中華文藝復興章中就指出，歐洲因為文藝復興而興起歐洲文明進而影響世界。中華文化與藝術的深度與廣度，不在歐洲之下。在文化及藝術的重要性越來越高的趨勢下。台灣對中華文化的研究及保存，在世界排行相當前面，如能推動深化中華文藝復興，會Add很大的價值。

(5) Transfer

工業社會的標準化思維，各個物品都有其功能。Transfer是功能轉移，也就是想出新的功能。魔鬼氈的發明就是功能轉移的例子。魔鬼氈的發明者是瑞士的喬治・梅斯倬（George de Mestral）上山遊玩時，發現衣服沾滿了牛蒡的毬針，非常黏，又難以拿下。他突然想到，這麼難拿下，如果用來作固定東西的功能，不是很好嗎？1951年，梅斯倬的這項發明獲得瑞士的專利。魔鬼氈上市後，銷售情況相當好，也讓梅斯倬獲得頗豐的利潤。威而剛的發明也是類似的情況，原本威而剛的開發是為了治療心臟病，沒想到會產生副作用，會強化的男性的性能力，藥廠遂將原本功能轉換成強化男性的性功能。

1849年加州淘金熱開始，絡繹不絕的採礦者紛紛來到加州，而李維以他獨到的眼光，紐約帶來了一披帆布，想要賣給淘金客充當帳篷和篷車頂的材料。可是沒想到，淘金客不但沒有光顧，還潑他冷水：「我們現在最需要的不是那些玩意兒，而是耐穿的長褲。最好是可以讓我們穿到礦坑裡也不容易磨破的褲子。」這立即的需求給了李維靈感，他請裁縫師將帶來的帆布裁製成長褲，賣給淘金客。由於帆布比一般材質耐穿，因此過沒多久，大家都知道「李維的牛仔褲」的確不錯，進而成為了搶手貨！如今，李維斯牛仔褲仍然風行全世界。

(6) Expand

人的頭腦有著發散式，跳躍水平思考的巨大能力，因此，從既有的知識中，以發散的方式思考，開發創意。比如，人的平均年齡越來越高，對外型及生活的品質越來越重視。從這個知識，可以發散的想到，養生、抗衰老、美容整形及健身等領域將越來越熱門。莊雅惠醫師開發的美容針、消脂茶都頗受歡迎。北教大榮譽校友陳志芬老師是另一個expand的例子。陳志芬教學相當優益，獲得新北市「super 教師獎」；原來的專長是音樂，得過全國合唱比賽最佳指揮獎。而後，學習畫畫，expand到油畫專業，獲得多項全國美術比賽優選獎。由於將音樂的創作融入油畫的展現表達，被稱為「畫中有樂，樂中有畫」。接著，又expand到琉璃雕塑，難能可貴的獲得「金玻獎」玻璃藝術創作比賽冠軍。下圖是陳老師的「祈福天燈」琉璃創作。

祈福天燈

再看，手機發明後從1G到2G、3G，現在已Expand到4G了。在教育方面，從大學開設網路課程，到開設網路大學，而後Exapnd到MOOC。Uber看到共享經濟的趨勢，從汽車開始，現在又Expand到飛機了。郭台銘鴻海的產品也是持續expand，現在已經將夏普併購了。長榮從海運起家，接著Expand到空運，由於成功的經營，在航空界佔有一席之地。3M公司發明膠帶後，expand到便利貼，又expand到噴漆用膠帶，而後，expand到汽車防熱貼膠帶。

位於高雄的右昌醫院是一個創新的例子。我與副院長蕭南湘談醫院從單一科到整合型醫院的創新過程。南湘院長提到，一開始鎖定大腸癌及直腸癌為醫療項目。現在證明當初的選擇是對的。大腸癌症已是罹患癌症中的第一名，醫院對癌症治療的療效也相當受患者肯定。而後，由於患者越來越多其他疾病，為擴大醫療服務，又expand到內科、骨科，接著又expand洗腎中心、身心中心、護理中心等，成為大型的綜合醫院。

我開發了《一小時學會五十音》後，又Expand開發了《一小時學會五十音》。後來，有讀者跟我反應想學韓國話，要我開發效率的韓語學習法。我又Expand開發了《一小時學會韓語發音——一天學會66句韓語》。2003年余佩真老師聽完我「快速學習法」、「一小時學會五十音」演講後，採用expand，開發了《一小時學會KK音標》，成為暢銷書。同樣的，我開發了《一小時學會22×22乘法表》後，在《章魚工作成功術》一書中已expand到25×25乘法表。

結語

隨著第五波的浪潮，人類已經移民到創新社會。面對創新社會，只有「知變」才能「應變」。以全球的銀行界為例。從1171年威尼斯商人發明銀行後，銀行界從業人員就是「金飯碗」。這期間經歷了工業革命，進入到資訊社會到知識社會，對金融產業都沒造成衝擊。然而，隨著FinTech金融科技的出現，發現銀行從業人員從「金飯碗」到可能「沒飯碗」。估計到了2020年全美國有四分之一的金融機構會消失。紅陽支付就是看到Fintech的趨勢，於18年前成立。因第三方支付量持續成長，除了已跟二十幾銀行合作外，也插旗大陸了。

第五波衝擊的絕不只是金融業，各行各業都會受到衝擊。由於「少子化」，先關婦產科，再關幼兒園。緊接著，從小學、國中、高中衝擊到大學。原本被視為鐵飯碗的大學教授，因為關系關所，已有上千人失去工作。網路書店越普及，實體書店就越消失，因為，被「去實體化」了。同樣的，網路商店越增設，實體商店就會逐漸消失，知名成衣批發中心「五分埔」，由興而衰，就是例子之一。

再者，當社會變遷加速，各行各業創新的需求也就加速，原有產品的淘汰也自然加速。在工業社會，電視機及電冰箱的壽命約十年。在資訊社會，電腦的壽命約五年。在創新社會，各款手機幾乎每年都會發表新機。機器人及無人汽車已經快速開發中，很清楚的，在第五波的浪潮中，「不創新，就淘汰」。有鑑於此，曼都集團的總裁賴孝義在曼都50周年全台灣幹部會議中，邀我去演講「第五波——掌握未來」演講後，賴孝義總裁跟我說：要持續創新，持續突破，迎接100周年慶的下個50年。

第2章 系統論：腦中的系統也要持續更新

電腦與手機的系統

我上創新思考課程時跟學生說，我是全球第一個提出「系統論」的。

擔任國小老師的簡敬芳說：「可是，學校早就開『系統性思考』這門課了。」

我則回答敬芳：「我的『系統論』跟『系統性思考』的『系統』意義不同。『系統性思考』的『系統』是指整體性的意思。我的「系統」是指使用的系統，比如，微軟的作業系統有DOS及Windows。手機的作業系統則有Android及蘋果的iOS系統。不同的系統，有著不同的作業方式。」

敬芳：「當然是這樣啊！使用任何機器設備都會有不同的作業系統。如果買了電腦，灌的是DOS系統，會不會很落伍，很沒有效率？所以，要注意使用的機器設備之系統有沒有跟上時代，否則就會被淘汰掉。」

我學習電腦的時候，是處於大電腦時代。那時候，IBM3090可以同時接兩百部終端機（Terminal），平行處理兩百個使用者。要使用IMB大電腦，就要學習IBM大電腦的作業系統。後來，個人電腦開始發展。首先，是Apple電腦靠著電玩而興起。於是，要使用Apple就要學習Apple個人電腦的作業系統。

爾後，微軟興起，微軟開發的DOS系統成為Apple的勁敵。兩大個人電腦作業系統的特質，成為使用者選擇系統之考量。只是，選擇了系統之後，就必須依該系統操作電腦。同樣的，選擇了手機的系統之後，就必須依該手機系統，操作手機。

我在課堂對同學說：「買了電腦，沒有灌系統，能不能用啊！當然不能。同樣的，買手機沒灌系統，也不能用，因為只有硬體，沒有軟體的作業系統是無法運作的。」

學生問：「提出『系統論』有何功能？」

我跟學生說：「你從早上出門到晚上睡覺，你所有的一切行為，都是你腦中的系統在控制。請問，同學，有沒有長輩或朋友，要用手機傳訊息，只會用簡訊，不會用Line或微信的？」

同學會回答：「有啊！」

跟同學說：「所以，當這位朋友要傳訊息的時候，打開手機，就會找簡訊子系統，然後傳訊息。所以，DOS系統的人，打開電腦，要做文書處理，就進入PE2子系統。Windows系統的人，打開電腦，要文書處理，就會使用Word子系統。」

講到這時候，我會跟同學說：「手機怎麼開機？同學就會將手指舉起來，說用手機開機。」

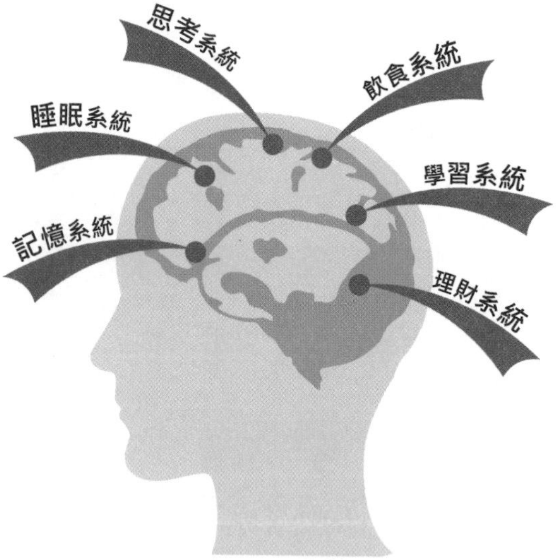

頭腦中的系統圖

我會接著說：「大家將手指舉起來，開機！」

班長魏道楠笑著說：「老師要我們開我們的頭腦這部機器。」

跟同學說：「沒錯！想想，你使用手機，是不是開機後，進入你要做的事情的系統後，用該系統處理事情。同樣的，頭腦這部機器要不要有系統才能運作？」

我提出「系統論」就是要探討頭腦這部機器的系統運作。

頭腦中的系統

農業社會的人受農業社會系統的作業方式所影響，工業社會的人會採用工業社會的作業方式。本書會提出「第五波」就是人類已經從農業社會的「第一波」進入工業社會的「第二波」，接著，提出「第三波」，彼得提出「第四波」，現在已進入「第五波」。新的社會自然會產生新的系統。然而，以往社會的系統，有的仍舊有助於人類，當然要繼續採用。有的則已經落伍，當然要更新。

同樣的，你從早上出門到晚上睡覺的所有行為，都是頭腦中的各個子系統在操控。同學們手指按著太陽穴，做出開機動作後。

我跟同學說：「頭腦中有沒有很多系統？你頭腦中的這些系統是什麼時候灌進來的？有沒有『睡眠系統』？」

此時，我會問：「同學中，11點以前就睡的請舉手，約十分之一；12點睡的請舉手，約三分之一；1點睡的請舉手，約二分之一。我今年60歲，40歲前，我都1點才睡，因為，我是電腦博士，常要寫程式。後來，我小妹，知名的中醫師與教授告訴我，你再繼續這種睡眠系統，你的健康與成就會輸給你的好朋友。我遂打電話問我朋友的睡眠系統，他說他每天睡七個小時半。之後我詢問小妹，一樣睡七個小時半，有什麼差別？」

我妹妹說：「差別就在，你好朋友每天11點睡，你是1點睡。人體重要的器官，肝的休息復原時期最好的時段是11～1點。」

我聽完，就將手舉起，比起大拇指，放在頭上，跟我妹妹說，從今天起將我頭腦中的1點睡覺的系統Delete，灌上11點睡覺系統。從40歲至今，我都11點睡，除非有特殊情況。改變睡眠系統後，身體狀況及精神都比以前好。再來，有沒有「飲食系統」？一般人，一天吃三餐，我稱為「飲食1.0」，一天只吃兩餐，提倡「飲食5.0」，將在「健康5.0」這一章中介紹。

其次，演講「親子關係」時，問來賓們現在的小孩子，好不好溝通。幾乎有一半家長會舉手表示不好溝通。

於是我問：「為什麼不好溝通？」

家長會說：「小孩子都不聽話，實在很難溝通。」

我會再問：「要小孩子聽話是哪個社會的系統？」

有的家長會笑著說：「我了解了，要小孩聽話是農業社會。農業社會小孩子屬於父母親的，那時候還有以下這種思維『君要臣死，臣不死不忠；父要子亡，子不亡不孝』，還可『指腹為婚』。因為，小孩子屬於父母親的，也因此，愛小孩是對的，父母怎麼愛都對，因為小孩是父母的。所以，形成一個子系統『天下沒有不是的父母』。」

這時候，我會再問家長：「請問，現在的社會，小孩子屬於誰的？」

家長回答：「屬於自己的。」

我說：「這就對了，小孩屬於自己的。所以，愛小孩是對的，但是，要用正確的方式愛小孩。我從小就跟我的小孩說，生命是你自己的，生命中的每個階段，你自己選擇，然後，為你的選擇負責。各位家長，將大拇指升出來，放到頭上將『天下沒有不是的父母』這個系統Delete掉。進入新的社會，要灌新的親子關係系統。」

另一個重要的系統就是「教育系統」。人類社會的歷史就是一部知識競爭的歷史。哪一個國家掌握了先進的知識與技術，哪一個國家就成為強國。而「知識」就是從「教育系統」教授給學習者。不同的社會，會產生不同的「教育系統」。在創新思考課時強調，工業社會的讀書，讀書為了考試，考試前將課本的東西影印到考卷上，考完試就可以把所學丟掉，還給老師。所以，工業社會的學習系統為「RCTF系統」：Read、Copy、Test、Forget。

這時候，班長道楠說：「我好像還停留在這系統中。但是，為什麼工業社會產生這種系統呢？」

我回說：「工業社會的教育系統，適合工業社會，但已不適合現在的社會。在工業社會，大學很少，所以，只要考上大學，拿到文憑，就有工作保障。這就在社會上形成了『文憑主義系統』。然而，如何拿到文憑，要修完必選修課程之學分，如何拿到學分？要通過考試。於是，在學校又形成了『讀書為了考試』系統。」

黃筱君說：「老師，我知道了！在工業社會，考完試，將所學丟掉，還給老師，是OK的，因為，通過了學分，拿到了文憑，工作就有保障。」

王佳惠接著說：「然而，現在已不是工業社會了。現在的社會，大學文憑，碩士文憑甚至博士文憑都不見得有保障了。」

擔任宜蘭縣議員的陳漢鐘說：「老師，現在的社會「學歷」是基本條件，『能力』才是企業考量薪資的重點。」

回曰：「沒錯！我在開南大學擔任創校校長時就提出，要以『能力導向』取代『學歷導向』的系統，來推動學校發展。『學歷』是基本條件，大學畢業拿到『學歷』是基本功，更重要的，在大學四年培養了那些『能力』。所以，從開南大學開始到，在擔任校長期間都會提醒各系所在開設課程時，應以『能力導向』

進行規劃。」

瑞士就是一個「能力制度」高於「學歷制度」的例子。2002年洛桑管理學院對全球的「國家競爭力評比」，瑞士排行第七，台灣是第二十四。台灣的大學院校有148所，人口七百萬的瑞士，只有19家大學院校。瑞士的平均國民所得約為台灣的2.7倍。瑞士的教育體系，培養的視各行各業高品質的專業尖兵。其專業能力與學歷不見得有關係，而是在該行的頂尖技能。以江詩丹頓鐘錶位於法國邊境的製造廠為例。其工匠平均一天只生產一只高級錶，即使只有職業學校文憑，每個月薪水能領到6000瑞士法郎，合約15萬台幣。瑞士許多企業設定經營策略的Goal是「在精不在多」，也就是「量少質精」。瑞士企業與3M公司有著共同的精神，不競爭價格，競爭頂級的品質。然而，要「量少質精」就必須有頂級的技術人員，而這些技術人員的培養就是國家競爭力的關鍵。瑞士的各個職業工會在此展現了高度的教育功能，各工會從廠商級市場分析，整理出需求、研發與行銷趨勢，送與教育機構，讓教育機構設計課程，來培養學生符合企業競爭的能力。企業的經營系統會決定企業的競爭力及獲利。「競爭價格系統」的企業經營系統就是「紅海策略」，相反的，「競爭創新系統」就是「藍海策略」。

工業社會的學習系統稱為「學習2.0」。然而，現在已不是工業社會，可是教育體系許多的教學系統還停留在工業社會的「文憑主義」。為了拿到文憑，必修要修課的學分要通過考試取得合格分數。這造成了「讀書為了考試系統」。尤讓人憂心的是，整個社會被少數高教人士灌輸著農業社會的「萬般皆下品，惟有讀書高」。將教育方向及資源向高教體系傾斜，讓國家教育系統偏差，造成「高教優於技職系統」，這個系統誤導了家長及學生。

在此要指出，台灣教育體系存在著，錯誤的「ＩＱ決定系統」。以ＩＱ為主體的智力測驗方式是史丹佛大學的教授陸易士・特曼（Lewis Terman）所發明的，在１９４０年代被廣為採用，爾後造成教育上的「ＩＱ思考模式」。這個模式認為，一個人的聰明才智是與生俱來的，後天的改變非常有限，而頭腦的好壞是以ＩＱ測出來的，所以，ＩＱ高，就學得好；ＩＱ低，學習成效自然就差。

ＩＱ思考模式影響教育至遠至深，想想，如果一個社會大多認為ＩＱ是先天的，是很難改變的，所以測出ＩＱ不高後，等於宣佈一個人在學習上注定是失敗者，這對學生的自信心是個很大的打擊。其次，教師與學生都會將學習不良的責任推給大腦，由於ＩＱ是先天的，是很難改變的，因此，將責任推給大腦後，教師、學生與家長都不必承擔責任。

在學校演講時，只要問及老師或家長：「學生學習成績不好，老是學不會的原因何在？」

大多數的老師或家總會回答說是：「學生的頭腦不好，或是ＩＱ不好。」

這就是錯誤的「ＩＱ決定論」。ＩＱ決定論讓台灣教育的天空陰沉沉。因為，接受了ＩＱ決定論後，學生學習成效不好，不能怪他人，是自己的ＩＱ不好。且因為ＩＱ是天生的，所以只好認命。如此一來，學生沒有責任，老師也沒有責任。

由於ＩＱ或聰明決定學習成效的觀念早已深植人心，所以，許多人將學習效果不佳歸咎於「頭腦不好」或「ＩＱ太低」，將學習不良的責任丟給「頭腦」，這造成兩個問題。第一個問題，對學習者而言，造成學習者的「學習障礙」。當一個學習者認為自己「頭腦不好」或「ＩＱ太低」後，其學習信心與效果將大打折扣。

我就有一位學生國中讀四年、高中讀四年、大學讀五年。有一次跟我聊天，他說到，因為從小頭腦就不好，所以，讀書讀得差。我告訴這位同學我以前讀書更差，也錯誤的以為自己頭腦不好。後來，才發現不是ＩＱ問題而是ＬＱ（學習智商）的問題。經過多次溝通後，這位同學後來接受ＬＱ的觀念，採用新的學習觀念與方法，爾後，跌破同學們的眼鏡，考上碩士班，碩士畢業後又考上博士班。三十多歲就擔任公立大學的教授及電算中心主任。

在《ＬＱ學習智商》指出，學習成果的優劣與否，不是取決於所謂的「ＩＱ」，而是取決於「學習智商」。諸多研究報告指出，一般人的頭腦一輩開發不到10％，所以，每個人的頭腦都很棒。只開發不到10％的原因就是學習的方法沒有效率。演講時，會請大家舉起大姆指，放在頭上，做出將「ＩＱ系統」從腦中刪除的動作。在請大家舉起食指，放在太陽穴，做出灌入「ＬＱ系統」的動作。採用「ＬＱ系統」的學習者，知道自己的頭腦還有90％以上可以開發，只要提高「ＬＱ」，就會提高學習成效，開發更多潛能，提升個人的競爭力。

第二個問題，對教學工作者而言，既然將學習成效不良歸咎於學習者的ＩＱ，教育工作者將因此而疏於檢討不當的學習法。這將會減低開發優秀學習方法，來增加學習成效的契機，實在相當可惜。所以，在教與學5.0中探討ＴＱ教學智商。

結語

手機中有許多子系統，每個系統都有其功能，而且持續在更新。每次我在演講時，請來賓將手指按太陽穴做「開機」動作後，都會問來賓，頭腦中有沒有許多系統跑出來啊？有沒有「學習系統」、「飲食系統」、「理財系統」等各式各樣的「系統」？請問這些「系統」什麼時候被灌進腦中的？這時候有些來賓就會笑著說，有些出生沒多久就被灌進腦中了。

這時候，我會說，手機中這麼多子系統經常更新，因為，新而有效率的系統會取代舊子系統。比如，Line跟Wechat已大幅取代了簡訊系統。大家想想，頭腦中的各種子系統是否應該與時俱進，更新更好更有效率的呢？

第3章 教與學5.0：教育決定國家競爭力

隨著社會的變遷，教育的理念及教育的方式也在改變。農業社會有士大夫觀念，「書中自有顏如玉，書中自有黃金屋」，「萬般皆下品，惟有讀書高。」進入第五波，當然要有新的教育理念及教育方式。首先，針對從農業社會到知識社會的教育理念與方式進行整理如下：

☑ 農業社會學習——學習1.0：

教材取得不便，學習者必須找到有老師要教授。

如果沒有老師要教授，學習者幾乎無法學習。由於是科舉取士，學習的能力是書法及文章。

☑工業社會學習——學習2.0：

教材為紙本及錄影帶，學習者向知識移動。到學校上課，教師授課，學生課堂上被動學習。由於學歷等於競爭力。「文憑主義」興起，「讀書為了考試」，學習著重「重覆背頌，反覆練習」。

☑資訊社會學習——學習3.0：

教材數位化，有電腦的地方就可以取得學習資料。藉由電腦，教師授課的資料上網可以重複學習。上網可以找到學習相關資料。有電腦及網路的地方，就是學習場所。學習培養主動搜尋、分析、思考、EQ及活用知識能力。

☑知識社會學習——學習4.0：

在教學上「翻轉教學，團隊學習，效率學習」。在學習的能力上，正如《章魚工作成工術》中提到如章魚八爪的八大核心能力：多專力、未來力、創新力、學習力、運用力、表達力、容挫力、強健力。

在創新社會提出「教與學5.0」旨在強調「教」與「學」都重要。傳統的教育思維將學習的良窳大多由學生承擔。其實，學生的學習效果跟教師的教授方式有很大的關聯。也就是說，教師的教學方式會影響學生的學習成效。淡江大學在二十年前就成立了「教師教學工作坊」提供教師課程以提升授課的成效。真理大學則成立了「『教』與『學』中心」，提供教師教課的課程以及學生提升學習效果的課程。

提升「性能」

由於高等教育競爭日益激烈，不少擔任大學副校長、院長、中國大陸大學的教授及民間教育機構負責人到北教大博班修博士學位。有一次授課當中，東南科技大學副校長董益吾、金門大學管理學院院長董燊、中國大陸教授趙杰、余舒蓉校長及全能智慧教育公司負責人張凌凌，一起討論提升學校競爭力。

東南科技大學副校長董益吾問：「如何提升學校的競爭力，以增加招生人數？」

我回答：「讓學生認為就讀貴校會提升性能。」

金門大學的院長董燊也回應：「沒錯，學生覺得到學校會增加馬力、增加就業性能，自然會選擇這樣的學校就讀。」

回曰：「『性能』指的不是一般的性能，而是『性向』與『能力』。而其中，『性向』相對重要。因為，畢業後要工作就業，一個人一生平均工作時間約30年。想想，如果工作與自己的『性向』不合，那不僅影響身心，也會影響工作效率。」

凌凌：「我們教導學生首先就是要學生自我探索，瞭解自己的性向。然後，根據性向，思考規劃未來的就業工作。再分析工作所需要的「能力」，再根據這些『能力』，於求學過程中培養。」

舒蓉：「為什麼『性向』的考量優先於『能力』？」

回曰：「因為，情緒智商EQ的力量遠大於理性，所以，學習及工作的性質，如果跟性向不合，那學習的效果及工作的效率都會不佳。」

想想，想當大廚的，讓他學電工，他會開心嗎？學習效果會好嗎？我曾輔導過一對夫妻，跟兒子決裂。其原因就是他們要小孩讀建築系，而小孩喜歡讀心理系。結果，被逼讀兩年建築系後，重考心理系，造成家庭大革命。由於父母不能諒解小孩的決定，小孩選擇離家出走。後來經過我協調處理後，家庭恢復溫馨和諧。當初父母與小孩決裂就是因為，家長對小孩的態度是農業社會系統。認為小孩的人生選擇由父母決定。

再舉方銘健教授及聲樂家陳明虔的例子。他們兩人在國家音樂廳表演，造成轟動。現在每年巡迴演出超過百場以上。開授的「文創音樂營」，報名人數破表。

然而，很難相信他們原本的出身，方銘健教授曾經擔任過輔仁大學人文藝術學院院長，現在北教大音樂系的方銘健教授。但是，他大學讀的是水利工程。然而，由於非常熱愛吉他，遂於大學畢業後到外國就讀音樂研究所，後來拿到吉他的博士學位，成為台灣第一個拿到吉他博士學位的教師。後來，還獲得國家吉他金曲獎。陳明虔則是長年在國外擔任直銷公司的總經理。後來，由於對聲樂的樂愛，放棄總經理的高薪。跟方教授成立文創音樂雙人搭檔，海內外精彩演出。

可貴的是，每次演出都有新的創作及表現方式。因為熱愛音樂，熱愛工作，所以，持續學習，持續創新，持續提升性能。

國立傳統藝術中心藝術策劃總監張嘉容是另一個例子。父母對她的期待是大學要學有經濟效益的科系。然而，戲劇創作是她DNA的一部分，在父母的壓力下，大學就讀靜宜大學觀光系。大四那一年，無法再壓抑自己DNA的驅動，報考藝術類研究所，應屆考上台北藝術大學戲劇研究所。父母本來不要幫她出學費。然而，在她的堅持下，父母終於改成支持。現在，對張嘉容的成就感到驕傲。

張嘉容除了在政府支持下，獲選到北京、法國擔任駐地藝術家，發表作品之外，亦成立「水面上與水面下劇場」，創作了許多風評頗佳的戲劇，作品多次獲得台灣最重要獎項「台新藝術獎」提名。她創發了紀實互動劇場《你可以愛我嗎？》、《桃花與渡伯》、《下一站出發》等，精神上取自歐陸紀錄劇場（Documentary theatre）的理念，**由普通人演自己的真事，關注社會現實，讓普通人的話語權得到展現和重視，也讓現實問題變得主觀可感**。同時運用參與式劇場（Participatory Theater）的概念，透過巧妙安排，讓觀眾成為劇中人，在設定的情節和角色中探索內心，與專業演員共同演出。她改變人們對傳統劇場的看法，用創新的表演方式關懷人性需求。張嘉容說，「創新最大的障礙是給自己限制，鼓勵人們突破框架、探索自我。」

另外以愛情偶像劇「前方的風景」為例，該劇在百年老糖廠萬華糖廍文化園區演出。以現代社會的愛情故事為題材，貼近你我生活的故事情節，引起觀眾共鳴共感，獲得許多熱烈迴響，造成轟動，連演18場，也獲得台新藝術獎提名肯定。劇中結合傳統布袋戲、梨園戲元素，創造新的美學體驗。由於在藝術創作上的表現，現在擔任台灣戲曲中心的創意總監。

凌凌：「我了解了。如果方銘健繼續走水利工程，陳明虔還在當直銷公司總經理，張嘉容從事觀光事業。就算工作收入不錯，但是，不會開心快樂，離幸福更有一段距離。現在，這三位的收入都相當不錯，由於工作就是自己熱愛的事物，所以，每天快樂開心，也自然提高幸福感。」

舒蓉：「沒錯！這就是為什麼老師會說性向比能力重要的原因。」

莊：「瞭解性向後，再從性向中的喜愛項目去選擇要就讀的學科。」

至於如何選擇則會在What to learn的部分介紹。

瞭解頭腦

要使用手機，要了解手機性能。因為，如果不瞭解手機的功能，可能會導致使用效率不佳。試問，周邊有沒有朋友或長輩，因為手機性能不熟，而造成不便與沒有效率？同樣的，學習主要在頭腦中完成，也因此，我長期呼籲，使用頭腦學習，要了解頭腦的性能。腦的性能跟健腦食物及健腦操有相當的關聯。我在健康5.0提出益腦食物、健腦操、多感官學習、減壓快樂學習等，都是家長及老師可以實際運用來提升學習效果的方法。

在健腦飲食方面，人靠頭腦學習，頭腦的健康與活力當然會影響學習的成效。而頭腦的健康與活力當然與飲食有關。有些食物會強化記憶力，有些則會活化腦細胞。舉例來說，脂肪中之不飽和脂肪酸為大腦細胞及神經修復的主要材料，也是促進腦細胞發育及神經纖維的形成，維持大腦智能活動的必要物質；蛋白質也是腦細胞的主要成份之一，掌管腦神經興奮與抑制的重要物質，可增強記憶力、語言學習力及思考活動力，促進神經傳導。我在《LQ學習智商》提出「健腦餐」，如蜂蜜、深海魚、維他命B群等健腦食物，如能善加飲用對家長及學生的腦力活化都有正面的效益。

在健康5.0的章節，我也提出「健腦操」，呼籲社會有些運動會強化頭腦的反應。也對頭腦的活化有相當的助益。在多感官學習方面，學習不該只是「死背」及「文字記憶」。人類的記憶方式原本就是存在於眼、耳、鼻、舌、身、腦。幼稚園或小學老師在教學時，常會利用說故事、圖案、符號、音樂、顏色等輔助，藉此啟發學童的學習反應；而教育配合資訊化時代，也開發各種多媒體教學，以提昇學生的學習效果。由於人的大腦較容易對新奇、多樣的資訊有反應，記憶也會因較多感官功能的參與而更離靈活。在《LQ學習智商》、《章魚工作成功術》中，我也提出的多感官學習，在學習過程中，利用圖畫、音樂、顏色、符號　等刺激感官的方法，來保持整個心靈大腦的靈敏，以增進學習效果。

學習5.0

學習5.0有五個項目：1.Why to learn? 2.What to learn? 3.How to learn? 4.Where to learn? 5.How to use to improve your strength?

☑ Why to learn?

為何學習是學習5.0的核心。在演講時，經常有家長問，小孩子不喜歡讀書該怎麼辦？我都會跟家長說，要把問題找出來，才能對症下藥。小孩子不喜歡讀書的原因主要有二。其一，覺得讀書無趣。這主要是第二波工業社會的教育方式所造成的。工業社會注重標準化，意即『按表操課，按步就班』，重視「重覆背頌，反覆練習」。再加上文憑主義及升學主義，學生產生了「讀書為了考」的系統。我稱為RCTF，亦即Read，然後，考試前將課本上所Read的影印（Copy）到頭腦中。考試時，將Copy在腦中的材料寫在考試卷（Test）上。考完試後，就將所學的忘掉（Forget），還給老師。

RCTF就是（Read，Copy，Test，Forget）的字首簡寫。目前台灣大部分的教學現場，還是繼續RCTF這個第二波的教學系統。填鴨，死背，學生成為影印機，成為考試工具的學習，學生當然不喜歡學習。尤其，影印機式的教學是無法教導學生思考、創新等第五波社會所需要的能力的。這個問題，教學單位要負責改進，這些問題將會在TQ（Teaching Intelligence Quotient）會進行更深入的探討。

其次，第二個學生不喜歡讀書的原因是小孩子覺得學習是為了父母。經常在全國各地演講，有不少同學抱怨讀書或是學習其他技能，好像都是為父母而讀。「都是父母親要我去學去讀」、「父母根本不了解我們要不要學，想不想讀」，這些是我常聽到的抱怨。我告訴父母，沒有人喜歡被強迫做事，當小孩錯誤地以為是為父母讀書時，小孩是不會喜歡讀書的。小孩會有這種錯誤的觀念，是因為父母的溝通方法不對，這些問題在父母5.0章節中有深入的討論。

有畢業生回來跟我說：「老師，現在大學畢業生薪水22K，好少喔！」我問他：「你的薪水誰給的？」

他說：「當然是老闆給的。」

回曰：「錯了！你的薪水是自己給的。你值多少錢，老闆就付你多少薪水啊！」

讀書不是為了別人，是為了自己。讀書的功能是培養你的各項能力，而這些能力將來就是找職業時候的競爭力。我曾擔任1111人力銀行的顧問，企業要聘員工，給付多少薪水就是看員工有多少能力。試問，你的能力怎麼來的？就是上課學習來的啊！我研究所的碩士生，新生上課第一天，我就會請它們回去思考未來要去的產業，接著，上人力銀行找該產業最想去的前三名公司。然後，再將想去的公司想就職的職位找出來，並將該職位公司要求的能力列出。下次上課時報告，報告的內容就是如何在研究所這兩年學會公司要求的能力。學習，是為了將來的工作做準備，為將來的薪水多少做準備。我剛回國，企業找我演講一小時兩千，現在，企業找我演講一小時有的超過兩萬，因為，我持續在學習，提高我演講對企業的價值。

再以英語能力來說，大家都在學英文，但是，英文讀得好的與讀得差的，在工作上就產生差異。英業達集團從作業員、警衛到各級職員，都要會說英語或日語。通過不同等級的考試，會得到加薪的鼓勵。會雙語則有雙份的獎金。由於聯電的客戶大多為外國企業，重要報告都用英文寫作。聯電的升等與英文能力有密切關係，即使專業能力升等條件已經滿足，如果英文能力未達標準，那還是得等英文過關才能生等。這差了一個職等，不只是薪資與公司的地位，也差了股票的分配，一差就是十幾張的股票，英文能力的差距，已經成為收入的差距。

耶魯大學曾對大一學生做過追蹤調查，大一時就清楚的知道未來的生涯規劃的約15％，經過三十年後再調查這些校友的收入。發現，這15％校友收入約為其他85％校友的收入。其原因就是，知道規劃未來的，就會先學習未來社會所需要的能力。準此，讀書為了考試的「考試導向系統」已過去，將其從腦中delete掉。讀書是為了培養能力，培養職場競爭力，將「能力導向系統」灌進入腦中。

☑ What to learn?

這是我在《LQ學習智商》提出「知識競爭力」的觀念。任何「知識」是中性的，本身沒有高低貴賤。但是，對人類而言，「知識競爭力」會隨著社會的變遷而轉移。比如，很有創意的人，在農業社會是被視為異類，但是，創意在第五波是很重要的能力。又比如，口才好的人，在農業社會被視為巧言令色，油嘴滑舌。然而，現在的社會，口才是相當重要的能力。很清楚的，知識的競爭力會隨著社會的變遷，然而，由於學習是為了提升競爭力，再者，學生畢業後要進入未來，也因此，學習要選擇現在及未來社會具有競爭力的知識。

將「知識競爭力」分成兩識型態。其一，專業能力。其二，核心能力。另一種知識型態就是「專業知識能力」，大學的各科系學的就是該科系的專業知識。而專業知識的競爭力也會隨著時代變遷。比如，我在工業社會就讀成大環境工程系時，化工系比環工系有競爭力。現在則是環工系較吃香，在工業社會外科醫師比皮膚科吃香，現在則是醫美當道。經常有家長問我們，到底小孩選什麼樣的科系讀較好，我的回答就是：選擇未來有競爭力的科系。如：IT產業相關科系、生化產業、醫美產業、銀髮產業、能源產業、餐旅產業、文創產業、製造產業、效率學習產業、創意設計產業、投資理財產業等。

核心能力指這個社會所需具備的基本素養。比如，在工業社會需要文字素養，在資訊社會需要資訊素養。如不具備這些基本素養，將流失競爭力。在工業社會不認識字，被稱為「文盲」；在資訊社會不懂電腦，被稱為「電腦白癡」。學習新社會的基本素養能力的重要性可見一斑。在此提出十二大核心競爭力：未來力、主動力、持續力、學習力、思考力、創新力、應用力、執行力、表達力、容挫力、強健力、團隊力。未來力就是分析及瞭解未來的能力；主動力就是主動積極的態度；持續力就是訂定目標後，能持續努力達成目標。這十二種核心能力，將會是創新社會的重要能力。

☑ How to learn?

有了學習的動機，再選擇了有競爭力的知識學習。接著，下個階段就是如何學習。我提出學習效率函數F=（LM）LM就是Learning Method學習方法。學習效率函數就是計算運用該LM所需要學習的時間。假設學習平假名有三種方法LM1，LM2，LM3。假如F（LM1）＝一周；F（LM2）＝一天；F（LM3）一小時。對學習者而言，當然要選擇最有效率的學習法，也就是一小時學會。

學習者一定要有「效率學習」的觀念。也就是說，學習的方法是可以持續開發提升學習效率的。就好像手機app的功能越開發越好一樣。使用app當然使用最有效率的。同樣的，採用學習的方法當然要使用最有效率的方法。

以記憶為例，在人腦中的記憶方式有文字記憶、圖像記憶、情境記憶及聯結記憶。其中，文字記憶是效率最低的，記的慢忘的快。可惜，工業社會的教育教學習者記憶是以「文字記憶」為主。

每次學生跟我說：「老師，為什麼你年紀比我大那麼多，還可以記住一百篇以上的文章。而我的記憶力，怎麼越來越不好。」我就會告訴他：「因為你用錯了記憶方式，如果，你跟我一樣用有效率的記憶方法，自然就會強化記憶力了。」

在《章魚工作成功術》及《LQ學習智商》有介紹多種效率記憶方法。試舉一例，台灣原住民從九族到現在已經十六族。要記住最原始的九族，亦可以繪出一幅畫的情境。畫中是張惠妹（阿妹）在大太陽下，晒得有點黑，穿著原住民的衣服（布做的），背上背著小男生，工作累了，肚子餓，想吃稀飯。右手拿著一碗粥加一個魯蛋及排骨，左手則是拿著牙刷準備吃完後刷牙。想像完這幅圖像，九族也就講完了，讀者可以自行測試如下：阿妹（阿美族）、太陽（泰雅族）、晒（賽夏）、布衣（布農族）、背男（卑南族）、粥（鄒族）、魯蛋（魯凱族）、排骨（排灣族）、牙刷（雅美族）。讀者可以自行練習將一般記憶轉入情境記憶，不僅有趣也強化記憶。

☑ Where to learn?

工業社會學習2.0主要在「教室」、「書桌」、「圖書館」學習。以靜態的方式學習。「行動學習」則是非靜態的，是在行動中學習。近年來越來越受到重視。其主要原因就是網路及行動載具的效能越來越高。教材數位化後，網路上有各式各樣的課程。藉由行動載具可以閱讀課程及搜尋各類知識，教材行動化，這形成了「行動教室」。同樣的在網路上可以進入圖書館，形成了「行動圖書館」。學習者在任何時間與地點都可以學習。這促成了「行動學習」。

如果一個人的工作性質是在電腦前工作。那當有網路及手提電腦，到處都可以工作。也就是說，任何地方，任何時間都可以工作。意即把人的頭腦比喻成手提電腦。人用手題電腦工作，有如人用頭腦學習。頭腦則是隨時帶在身邊的，只要有網路，隨時可取得行動教材，任何地方，任何時間，都可以學習。

我在沒有網路的時代就提出了行動學習的概念。只要有時間。任何空檔時間或是等待時間，或是通勤的車上都可以學習。我在走路，等車，通勤的時間，都用來學習語言，學習其他課程或是思考問題。當時語言主要的教材就是教學錄音帶。語言教材方便行動學習，因為可以一句一句的學，學幾句算幾句。其他課程我會做成方便隨身攜帶的筆記，以利行動學習。

☑ How to use to improve your strength?

有一次，魏道楠跟黃筱君來學校邀我演講，演講的題目是「閱讀的重要」。我說，我認為這個題目不太好。

道楠：「老師，這題目為什麼不太好？」

筱君也說：「那什麼題目比較好呢？」

回曰：「將原來的題目修改成：『閱讀重要，閱讀後更重要』。因為，如果閱讀後，都沒有改變，沒有運用所讀增加能力及優勢（strength），那只是將知識影印到頭腦罷了。」

道楠：「我知道了，所以老師才會出版《知識不是力量》，呼籲影印知識不會產生力量。」

筱君：「沒錯！要能思考、分析知識及運用知識、創新知識，才會產生力量。」

回曰：「蘋果從虧損連連，到傲人的股價，就是賈伯斯持續的創新，增強了產品的strength，進而締造了銷售佳績。」

以多使用左手為例，我在16年前閱讀了右腦管文化、創意、音樂、藝術、想像。又讀到愛因斯坦說，「想像力比知識更重要」。藉此萃取分析出，在未來的社會中，文化、創意、音樂、藝術是重要能力。於是，從16年前開始使用左手。先將滑鼠先移到左邊，然後，左手吃飯，寫字，打球。我是教職員的羽球隊、桌球隊及網球隊隊員。我兩手都可以打。一些學生跟我打球時，因為我用左手打，他們還以為我是左撇子。隨著左手使用越來越久，雙手肌肉越來越均衡，頭腦的創意源源不斷。這16年我出版了40本書，其中不少是暢銷書，書銷售的整體金額已突破一億。

此外，關於飲食的部分我也在健康5.0章節有更深入的探討；我閱讀了《未來的衝擊——第三波》後，開始改變農業社會吃三餐的飲食系統，改成吃早餐及晚餐兩餐。這除了節省了中餐的費用及時間，也減少了吃不必要可能含毒素的食物。我的健康及時間運用都增強了。我北教大博士班的學生，也是高中老師的陳建銘。上了我的課不到一個學期，因為改變飲食習慣，瘦了十公斤，身材變佳，顯得青春活力，全班都為之讚嘆！此外，我閱讀了台灣在地球物種的特殊地位後，就寫了《驚豔台灣》，並於觀光5.0提出台灣文創生態觀光之旅。這會增強台灣觀光的競爭力。

有一次開會，要決定活動日期。提到某一天都有人會問該日是星期幾。結果，有人看日曆、有人用手機查。我卻能馬上告訴大家該日是星期幾。很多人以為我是湊巧猜到的。可是，當大家問我多次，我都在一秒內回答且答案都正確後，大家都很驚訝，以為我有特異功能。其實，這只是活用了左腦與右腦的功能。

採用左腦的數學邏輯及右腦的情境圖像記憶方法。算出今年幾月幾日是星期幾很簡單。一個月的第一天是星期幾，取決於前一個月的最後一天是星期幾，然後加一。以今年為例，去年最後一天是星期二，所以，今年的1月1日是星期二加一就是星期三。所以，一月N日是星期幾就是（N＋上個月最後一天是星期幾，以一月分來說就是星期二）除以七的餘數，也是下列的數學式（N＋2）／7，的餘數。1月1日的N是1，（1＋2）／7的餘數是3，所以是星期三。試一下，一月20日是星期幾？（20＋2）／7，就是22／7的餘數是1，所以答案是星期一。

由於我們的數學能力可以很快的算出（N＋2）／7的餘數。所以，只要我們能記住該月份要加幾，比如六月要加6，所以六月的式子就是（N＋6）／7。因此，六月十日是星期幾，可從（10＋6）／7的餘數算出是2，所以是星期二。因為我們算餘數的速度很快，因此，只要能記住一年中的每個月要加幾，就可以很快的算出該日是星期幾。談到記憶，那快速記憶法就可派上用場了。算出星期幾的方法就是將右腦的情境圖像記憶及左腦的算術結合運用。

今年2016年的每個月要加幾，我採用的記憶方法如下：1月4月跟7月都一樣加4。我記147取中間的4。2月及8月都加0，記2＋8＝10，取個位數0。3月跟11月都加1，記3個1。5月加6，記五顏六色。6月加2，記女孩留兩個辮子。9月加3，記93軍人節。10月加5，記一五一十。12月加3，記123。讀者可以開發自己的記憶方式。

教學5.0——TQ（Teaching Intelligence Quotient）

學生的學習成效受到老師教學方式高度的影響。也就是說，教師教學方式良好會提升學生的學習成效。也因此，提升教學的品質受到全球教育界的重視。最近很夯的「翻轉教學」就是其中一例。

美國總統歐巴馬表示：「我們的孩子踏入教室那刻起，決定他們成就的最重要因素，不是戶籍、膚色、人種或財富，而是他們的老師。」兩次世界大戰失敗都迅速站起來的德國，於2010年成為世界第一大出超國，國家競爭力再度奪冠。有人問德國人是怎麼做到的？德國人驕傲地回答：「我們國家的競爭力，在老師的講台前面就決定了！」很清楚的，德國的競爭力來自優秀的老師。

然而，長期以來，教育界有兩個現象，值得反思。其一，學生學習良窳，由學生負全部責任，跟老師教學良窳無關。其二，老師教學良窳是天生的。美國最近很受重視的書《好老師課堂上會發生什麼事》，就是在探討此一問題。作者指出數十年來，數以千計的研究都指出，「好老師是天生的」。不少師培專家都說；「我覺得，教書是天生的能力或動力」。然而，這個錯誤的認知，會造成教育的災難，既然好老師是天生的，那天生好老師只是部分，可能佔全部老師的20％，那就是說，有80％的學生無法接受好老師的教導。如果德國的老師只有20％是好老師，沒有這麼高競爭力的德國。

職是以故，如果教育部門的理念，錯誤的認為「好老師是天生的」，在此情況下，既然教學能力是天生的，老師的教學方法不好，那學生只好接受老師的教法。試想，這會影響多少學生的受教權？

由於老師的良窳，會影響學生的未來成就。那如何提升老師的教學品質，就是重要的課題。處理新的課題，政府必須訂定新的教育政策，也因此，歐巴馬政府提出「績效責任制」。歐巴馬在2009年在加州演講時說：「加州共有30萬名教師，前10%及後10%都是三萬人。」藉由評量老師的教學績效，可以去蕪存菁，改善整體教學品質。歐巴馬認為美國教育的問題就是將老師一視同仁，加薪幅度相同，工作保障相同等，這造成「牛驥同一皁」。說真的，這點跟台灣蠻像的。美國敢大刀闊斧進行改革，台灣呢？

影響教學品質的另一個重要因素是，「教育政策不連貫」。美國的學校校長會接到來自聯邦政府、州政府及學區主管單位的行政指令，有時一致，有時矛盾。教學指導亦然，教育學院、當地課綱及教科書，莫衷一是，相互衝突。由於沒有連貫的教學方針，美國學校就無法建立良好的制度或打造共同的知識體系。讀者們，有沒有感受到這個問題跟台灣又很像？

我在此提出TQ「教學智商」是因為要呼籲教育界省思兩點。其一，教育政策。其二，教學品質。首先，政府各級教育機構，在教育政策上，應深思熟慮提出好的政策，政策施行後，不應反覆變動。其次，在教學品質上，不要將學生的學習效果全部歸於學生，教學方式的良窳也會影響學生學習成效。好老師不是天生的。同樣是教學，在補習班的教師群中，有些成為補習班的名師，大受學生歡迎，就是因為這些老師的教授方式良好。其二，「教學智商」是可以經由學習成增進的。是以，教師要注意提升自己的「教學智商」，以增強教學效果。

教課智商跟學習智是一體的兩面，會相互影響。教學智商要高先決條件是學習智商要高。教師教學有兩大重點。其一，提高學習興趣。其二，提升學習成效。也因此，教師必需具有高學習智商，才有能力教導學習者如何提升學習智商。

☑ Why to teach?

教學者必需具備第一個要件是教學熱誠。如果沒有教學熱誠，只是將教書當做一分領薪水的工作。對教學是這樣認知的人，是不應該擔任老師職務的。尤其，身教重於言教。沒有身教的教師，說再多做人的道理，學生都聽不下去的。

品芳是幼教老師，要報考國立台北教育大學特殊教育學程，我跟她說：未來教師缺會很少，妳要不要再考慮。她堅定地看著我說：

「機會再少都沒關係，我在學校擔任代課的特教老師時，只要想到能幫學生改善學習效果，就覺得很開心，很有成就感。」

林庭安是另一個例子。她找我當指導教授時，我問她，當老師已經很累，為什麼還來讀碩士？她說：希望提升自己的能力及TQ，能更有效率的教學，增加學生的學習興趣。尤其，只要看到小孩成長、快樂學習，就覺得很欣慰。

教育的目標是讓學習者，開發潛能，能夠具備優異工作能力。在物質上，得到良好收入，擁有好的生活品質。在心靈上，有品格，具國際視野及關懷、參與公共事務的現代公民。沒有熱誠的教師，是很難達成上述目標的。是以，師資培育機構，在培養老師的過程，絕對應該將教學熱誠，當成重要培育內容。

經常有偏遠學校找我跟學校老師們演講，問我演講費用。我都說多少都OK。有人跟我說，演講費太低，為什麼要去？我的回答是，我腦中的系統思考的不是錢多少，而是會影響來聽演講的老師多少。只要有三分之一的老師，因為聽演講而改變教學方式，提升了教學方式及品質，那不知將來會有多少學生受惠。也因此，雖然學校的演講費相當低，但是，學校邀我演講，只要有時間，我都盡量前往。

想當老師一定要有教學的使命與熱誠，否則，不宜加入老師的行列。我就認識一位家長，非常關心她孩子跟老師之間的互動。她跟我說，她數學很差，原因就是她的導師是數學老師，有一次因為她頭髮長，打了她一巴掌，讓她從此恨這位老師，也討厭數學。可見老師對學生的態度、關懷，對學生影響至鉅。

擔任國立台北教育大學校長期間。教育部曾有「史懷哲專案」，提供經費讓我們學校的學生在暑假期間，到偏遠地區，對教育落後的小孩，進行補救教學課程。整個課程結束後，有舉辦結業典禮。我到現場致詞時，現場的校長說：你們學生來之前，這些小孩提到功課就頭痛。來了兩周後，小孩子開始有笑容，現在，不只有笑容，還有露出對課業的自信。真的，太謝謝你們的學生了。我在挑選「史懷哲專案」的學生的考量，只有一個，就是教學的熱誠。

☑ What to teach?

教什麼樣的知識及能力給學習者，這一部分就如同LQ的What to learn。教什麼與學什麼是一體的兩面。教育機構及教學者，應該分析現在及未來社會所需要的能力，然後，將這些能力，經由教育的過程，傳授給學習者。也就是說，LQ的What to learn就是TQ的What to teach。

☑ How to teach?

到學校的路上經過捷運站，經常遇到計程車司機先生。他都會跟我說幾句英文。有一次，他很感歎的跟我說，學了那麼久的英語，從國中、高中到大學，就是不會講英語。直到當了司機，常常載到外國乘客，不得不講。由於經常的對話，現在，可以跟外國人以英語作基本溝通了。他說以前學校教英語的方法是「Wrong teaching」。所以，我才會在本書提出「教與學5.0」及「語言5.0」兩章，專門在討論創新社會需要新的教學法。

教學的目的是讓學生在學習後具備能力。要探討如何教學，就要先探討教學的功能。教學的功能主要有兩個。一、提高學習的興趣。二、強化學習的效果。傳統的教學方法，老師在講堂上授課，學生被動的接受知識的方式，不易達成上述兩項功能。於是，各種新的教學方教學方式及效率教學法紛紛被提出。教學方式，如，翻轉教學、協同教學、《法式翻轉教育》等。

其次，採用效率學習法教學，會提升學習效果。效率學習法，如，《一小時學會五十音》、《一小時學會22×22乘法表》等。在效率教學方面，我指導的劉家松助理教授碩士論文就是如何提升原本枯燥如SIN及COS數學的學習效果與興趣。在劉家松的論文口試時，由於吳家松將SIN、COSIN講得生動活潑且淺顯易懂，口試主委台北市立大學主秘陳顯宗說，可以將論文內容轉換成書籍，一定會暢銷，且強化學生學習興趣與效果。

老師的教學方式是可以經由進修而提升的。比如，萬能科技大學副教授薛光博上過我「創意教學」後，跟我說，運用創新教學法後，學生學習效果大幅提升。不少北教大在職班上過我「知識管理」的國中小老師，表示採用創新教學方式，增強學生學習興趣，提升教學效能。

又如，協同教學已在全球蔚為風潮。比如，免費線上社群「Skype 教室」（Skype in the Classroom）已有來自世界各國超過五萬名的教師註冊加入「全球教室專案」。透過網路虛擬組隊分組，一起學習，做簡報，討論進而辯論。此外，「協同教室」（Collaborative classrooms）。提供全球老師共同創作課程，分享課程，目前已有超過十萬名教師加入。協同學習將原本在教室內的封閉學習環境，延展到全球開放的分享合作教學。

連國際扶輪社都加入補救教學的行列。有鑑於偏鄉地區的學生，學習資源相對缺乏。國際扶輪社3480地區2016～17年度地區偏鄉數位關懷委員會主委邱嘉弘、副主委杜孟玲及委員劉淑真，來國立台北教育大學希望我們兒童英語教育系的學生，可以與偏鄉地區的學生，進行一對一的課後英語輔導。遠距教學的設備由扶輪社購置，由於推動的相當成功，現在不少小朋友受惠，提升對英語學習的興趣也提升了英語能力。

☑ How to teach to improve student's strength

管理學上有SWOT：Strength（優勢）、Weakness（弱勢）、Opportunity（機會）、Threat（威脅）。也就是說，企業及個人經常要分析自己的優勢、弱勢、機會及威脅，必須強化優勢，減少弱勢，掌握機會，降低威脅。否則，就可能被淘汰。

連在社會上各行業成功的人士組成的獅子會，都知道要持續學習強化優勢。長壽獅子會的創會會長鍾怡芃、導師林錫連及林百志董事長都大力推動會員學習。此外，獅子會成立了獅子大學，教育長張呂章正在規劃獅子大學的科系及學程，張呂章教育長對獅子大學的投入及熱誠，讓人覺得獅子大學將對獅子會教育品質產生正面影響。

獅子大學也成立了講師團。前後任的講師團團長陳西江、蘇耀華與粘舜權，跟前後任總監周勝考及何碧英都都跟我說：

「上完課一定要讓學習者，增加Strength，否則不是白上了？」

回曰：「工業社會的教學模式RCTF，是很難提升strength的。我提出READ教學模式取代RCTF。這有助於學習者提升S」

何碧英總監說：「READ不是讀書的英文嗎？」

回曰：「READ是Read（讀書）Extract（萃取）Apply（應用計畫）Do（執行直到增加strength）」

- Read ↔ 讀書
- Extract ↔ 萃取所讀的新知
- Applying plan ↔ 訂定應用計畫
- Do it until improve strength ↔ 執行計畫直到增加優勢

以口才表達為例。原本我不喜歡演講，也不會演講。後來，閱讀了口才的書，萃取出未來社會口才很重要後。開始擬訂計畫，訓練自己演講能力，每年一定要演講十場。從演講挫敗，到檢討改進，在第三年達到計畫目標，現在，每年演講兩百場左右。演講已經從我的Weakness變成我的Strength。也更有能力教導學生提升口才表達技巧。

勝考：「也因為這樣，我們獅子大學才會找你來授課啊！」

在介紹十二核心能力時，有提到我教課時，都會將這些能力融入課程中。比如，研究所小組報告就會要求每個學生都要報告。剛開始有學生會說：我們小組已經分工，這位同學口才好，所以，由他報告。我會說：因為都讓他報告，他口才當然就好啊！口才表達是為未來社會重要的能力，每個人都要報告都要訓練。在同學報告時，我會指導同學提升表達的技巧及活化姿體語言的動作。小組報告時，每個人都會有個人成績。團隊的成績怎麼算？

耀華：「每個人的分數加起來的平均數。」

回曰：「不是，是小組成員最低的分數作為整組成績。」

西江：「我了解了，因為，要培養大家的團隊力。」

以下是教出strength的例子。盧語喬跟葉宣妤是好友，研究所一年級剛進來時，宣妤及洪圓詠同學最弱的就是口才。盧語喬的口才相當好，班上同學都不易辯過她。也因此，當班上有男同學要在言語上欺負宣妤時，語喬都會站出來，保護宣妤，替她迎戰男同學。宣妤上過我兩學期的課後，研究所二年級上學期，有一次在班上，上課前，宣妤跟語喬為了一個事件在爭辯，由於雙方針鋒相對，妳來我往，而且不相上下，全班同學為之激賞，且在辯論後，大家熱烈鼓掌，以表示對宣妤口才進步的肯定。圓詠則是第一次做報告時，話都說得結結巴巴，眼淚都快掉下來。經過一個學期後，報告已經流利順暢。畢業口試更是流暢到大家刮目相看。另外，劉思妤及李佳玲則是上完創新思考的課後，在工作上強化了創新思考活力及團隊合作能力。

泰北高中教中文課的林秋伶老師，是另一個教學優異高TQ的例子。任教以來，由於教學優異，學生國文分數相當高，不少學生因為國文分數高，而得以進入所喜歡的大學科系。長期指導學生參加校內外語文競賽，在北市多次榮獲國語朗讀，台語演講前六名的佳績；閱讀寫作獲頒兩屆的北市閱讀推手獎。在全國，作文比賽獲全國輔導徵文優等。指導近年致力把國文教學融入行動教學，創意活潑的教學法深受學生喜愛，在全校做教學觀摩後獲嘉獎表揚，被學生稱為「金牌老師」。

其次，泰北高中藝術群科總科主任的吳漢宗主任，除了自己開過多次畫展。在教學方面，非常重視學生的學習成效，也因此，學生參賽屢獲佳績。連續30年全國學生美術比賽特優，99年及102年全國工業類技藝競賽設計類金手獎，104年全國商業類技藝競賽商業廣告職種金手獎。多年的亮麗成果，再加上張水明校長及教務主任高國慶長期對藝術設計群的支持，泰北的美工及藝術已與知名的復興美工並駕齊驅，成為台灣新創的藝術美工科學府。

此外，擔任過北教大副校長的王富祥教授持續帶隊參加奧林匹克數學競賽，連續六年以上獲得冠軍。值得提出的是，參加比賽的同學，剛進來受訓的時候，數學能力並不是很強。但是，經過王副校長指導後，數學的strength大幅提升。王富祥教授可說是超高TQ的教師。知名的陳立數學也是一個教學成效良好的例子。陳立數學的教學方法，讓學生很快的提升數學能力。數位內容設計系范丙林主任、巴白山、林仁智、盧姝如、余齊山、王學武及許玉珍等教授，經常帶隊獲得教育部比賽前幾名，也是教學成效頗優的例子。

☑ Where to teach?

除了傳統的課堂教學外，網路教學及戶外教學都受到相當的重視與運用。聯合國科技文教組織提出「戶外教學宣言」，足見教學地點不再局限於傳統的教室。大規模網路免費公開課程（Massive Open Online Course，簡稱MOOC）是線上課程的一種類型，其當初開發的主要目的，是讓學習者透過網路連線取得學習資源。在開放教育資源和開放教育概念開始發展後，經由網路遠距教學發展出大量公開免費線上教學課程。ＭＯＯＣ的課程設計和學習參與方式與一般大學課程很類似。然而，由於未能與學校學位結合。ＭＯＯＣ開創初期不給予學分，但ＭＯＯＣ會以評量的方式給予學生「結業證書」。但是，由於學習的便利性及學習成效頗佳，快速吸引全球大量的學習者加入。

在此潮流下，大規模網路公開課程聯盟一一成立。例如，非營利教學聯盟ｅｄＸ是由哈佛大學及麻省理工學院等三十多所大學組成，開設了無數的大規模網路免費公開課程。２０１０年的第一門課就有十五萬名註冊，是ＭＩＴ創校一百五十年校友數目的總和。由此可見，傳統教育方式在新興的教育浪潮中，其比率已經逐漸降低。不只教育方式改變，美國企業界，從原本對線上教學的ＭＯＯＣ學分持著保留的態度。隨著不少名校採取此教學模式，已逐漸認同ＭＯＯＣ的學分認證，這將更有助於ＭＯＯＣ的推廣。

有一次，跟博士論文研究「戶外教學」的郭雄軍校長及賴婷妤博士討論戶外教學。

我問雄軍說：「為何選擇『戶外教學』當研究主題？」

雄軍回答我：「好奇是學生的天性、探索是生命的本能。戶外教育能提供真實情境的體驗，喚起學習的渴望和喜悅，以增進真情、善念、美感的多元學習價值。舉凡校園角落、城鄉社區、文化場所、農漁牧場、山野大地、森林溪流等都是學習的基地，可以豐富生命經驗，可以發展多元智慧的潛能。」跟雄軍說：「數位內容研究所的楊孟哲教授就是經常帶學生到戶外教學，甚至到外國進行更遠的戶外教學，學生們都反映有良好的學習效果。」婷妤說：「戶外教學提供學生課室外寬廣的學習天空，創造學生真善美的多元學習價值，培養學生的品德、情意與創造力，增進學生的獨立與自理能力，豐富孩子的學習內涵，創造『向大地學知識，與萬物交朋友，讓知識走出書本，讓能力走進生活』的契機，建構孩子的人文素養和自然情操。」

☑行動教材

於行動學習將成為未來學習的重要方式之一，也因此，傳統的教材編輯方式已不符行動學習需求。傳統的課程基本上課程時間兩個小時或三個小時。編輯教科書的章節都會考量適合兩個小時或三個小時的學習單位來編排。現在網路課程也大多是一百分鐘、兩個小時或三個小時的單元。然而，在行動學習時，時間是相當重要的因素。

亦即，行動學習者使用的是一天中的片段時間。是以，如果將數位教材製作跟紙本一樣，單元以小時為單位，那將降低行動學習效果。

為提升行動學習效果，提出「行動學習教材製作三原則」。1.層次編排。2.時間原則。3.獨立原則。

層次編排：將依序式的編排轉換成階層次式的編排。

時間原則：規範了教材時間的長度，每個單元不宜超過10分鐘，以適合行動學習。

獨立原則：提供教材製作者新思維，每個知識單元的獨立性越高越好。這讓學習者在學習每個知識單元時，對其他知識單元的依賴度不會太高，以提升學習效率。

行動教材的開發已逐漸受到重視。開發多樣性教材及網路數位教材的戴正彥老師，其碩士論文的研究，除了考量行動教材的編輯外，也擴增了虛擬實境及強化互動教學。

結語

社會變遷加速，學習新知的速度也就加劇。跟不上時代，就會被淘要汰，不想被淘汰，就必須「學得比人快，運用比人強，創新比人多」。要達到此目標，多活用學習5.0。古人云，有心學習，到處皆鵝湖鹿洞，實心向學，此地即天祿石渠。進入第五波，處處可學習，時時可學習。

其次，學習要學習有競爭力的知識。教育機構及教師應該具備「知識競爭力」的觀念。教導學生現在及未來具「競爭力」的知識。也因此，有志擔任教師，必須了解未來，掌握未來趨勢，才能教導學生具備未來社會所需要的能力。因為，學生畢業後，已經進入未來的社會了。台灣輕技職，重高教的偏差教育觀念，若不及早改變，國家競爭力將會因而被拖累。

再者，國家的教育政策及老師的教學品質，深深著影響國民的學習成效。德國，世界第一大出超國也是世界企業競爭力強國表示「我們國家的國力，在老師的講壇前面就決定了」。因為，教育決定國民的品質，也決定了國家競爭力。長期以來，教育體系的認知是，學生的學習興趣與學習效果之良窳，學生要負主要的責任。教學5.0提出不同的思維，教學5.0的認知是，學生的學習興趣與學習效果，老師要負相當大的責任。準此，提出TQ教學智商，也就是老師的教學智商，影響學生的學習成效。

職是以故，教改如果主要目標是要提升學生的學習興趣與學習效果，最重要的不是改變升學或考試制度，而是提升老師的教學智商。希望教學5.0能對台灣的教育品質提升，能有拋磚引玉之效果。

第4章
父母5.0：推動父母執照

台灣近年來青少年出現兩大值得省思的現象。首先，啃老族也就是尼特族越來越多。十年前指導賴婷妤及楊曉慧兩位研究生探討「尼特族」現象，當時主計處公佈尼特族有17.2萬。2014年TVBS訪問我尼特族問題。我問TVBS記者會什麼關注這個議題，

她告訴我：「因為尼特族數目以快速增加到47.2萬。再持續下去，台灣的競爭力將會衰退，社會也會被尼特族拖垮。其次，發生多起青少年殺人事件，在捷運上公然持刀殺人，甚至為了父母親不給子女所要的東西，遭子女殺害。這些青少年問題，跟家庭教育有相當程度的關聯。也就是說，父母親教養小孩的『家庭教育』出了問題。產生問題的原因就是父母親沒有具備現今社會需要擁有當父母的知識，所以，在教養小孩的家庭教育上出了問題。」

再談父母應瞭解小孩頭腦成長的黃金關鍵時刻。人類從農業社會、工業社會、資訊社會、知識社會到創新社會。人類的競爭力從農業社會的體力轉變成創新社會的腦力及創新力。從受孕後的胎兒開始到出生後的幼兒期是腦力開發的重要關鍵時刻。這個黃金關鍵時刻如果好好培養及開發，將會提升腦力。反之，忽略黃金關鍵時刻，將會流失腦力開發良機，降低了腦力開發。如此一來，將會降低個人及國家競爭力。

影響腦力黃金關鍵時刻最重要的就是父母親。如果父母親沒有具備黃金關鍵時刻應有教養孩子的知識，就如同開車不瞭解車子的性能。不瞭解車子的性能很容易損害車子，不瞭解小孩的黃金關鍵時刻，將影響孩子的腦力開發，這對小孩子不公平。由於腦力是知識社會最重要的競爭力，為了提升父母對孩子黃金關鍵時刻的了解，諸多先進國家，如美國、奧地利等國都在推動「父母執照」。

身體的「轉大人」

天下雜誌2005年度的教育特刊的主題是「家庭教育」。內容直指全世界的人在重新學做父母。因為，家庭教育已成為全球啟動未來的「新引擎」。我在2005

年國立台北教育大學幼兒教育研討會中提出，當父母要有執照。想想，開車要有執照，因為要瞭解車子的性能及交通規則。小孩子的成長過程及生活規則比車子複雜多了。開車要有執照，要生兒育女當然要有執照。

現在的社會還不重視父母執照的原因是，許多觀念還停留在農業社會。農業社會的核心競爭力是「體力」。所以，生完小孩後，大多讓小孩自行生長。到了青春期會注意孩子的「轉大人」。因為，要是在轉大人過程中，沒有足夠的營養予適當的運動，孩子的發育將會不完全。發育不完全，「體力」就會不如人，將會失去競爭力。所以，「轉大人」受到父母親的重視。要注意的是，錯過了這個黃金時間，造成發育不完全。即使以後再給予更多的營養及運動，也無法彌補過來。所以，這段黃金時間也稱為關鍵時刻。父母親如果對小孩成長的這段黃金關鍵時刻不瞭解，是不合格的父母親。

頭腦的「轉大人」

第二條曲線的理論由艾恩．莫瑞森（Ian.Morrison）所提出，認為社會面臨前所未有的快速而激烈的變遷，而社會一旦變遷，將造成新需求、新消費型態及新產業結構等。在此狀況下，在舊消費型態及固有產業結構中佔有「優勢」及「利基」的企業及組織，若不尋求變革以在新的消費型態中繼續取得「優勢」及「利基」，那可能將被新社會淘汰。

莫瑞森對「第一曲線」所下的定義是指，一家公司的傳統核心業務，傳統核心業務大多經營多年，獲利良好，在市場上有相當的佔有率。「第二曲線」則是指在新科技及新消費型態下，一家公司調整或修正傳統核心業務，所進行經營的新型業務。簡單的說，第二曲線是相對於第一曲線的稱呼。由於社會變遷快速，在原來市場具有競爭力的產業，擁有良好的獲利第一曲線。然而，如果沒有注意到社會變遷造成市場「利基」轉移，很可能被社會變遷的洪流淘汰淹沒。台鹽在農業社會具有良好的競爭力，創造了光榮的「第一曲線」。如果台鹽在現在的創新社會還是以賣鹽為主要產品，必然失去競爭力。台鹽看到了生化及美容產品的新契機，開創了亮麗的「第二曲線」。

現在，已經不是農業社會。現在，已經進入「知識社會」，「利基」已然轉移。社會的「核心競爭力」已從「體力」轉移到「腦力」。在農業社會中，因為「體力」

是核心競爭力，所以，「身體」的「轉大人」很重要。在知識社會中，「腦力」是核心競爭力，「頭腦」的「轉大人」太重要了。只是，大多數人不知道其重要性，所以，疏忽不在意。然而，父母因為沒有腦力開發的知識，而讓小孩腦力無法「轉大人」，這對小孩子是不公平的。「腦力」的成長與發展過程相當複雜，而且，許多影響腦力開發的「關鍵時刻」都在上小學之前。然而，大多數家長對這方面的知識相當缺乏。所以，我主張政府及立法部門應該思考，制定方案，讓要為人父母上「幼兒關鍵成長時期」、「健腦飲食」及「活化幼兒腦力」等課程，取得執照後，才具備生兒育女資格。

黃金關鑑時刻

☑ 母體內

嬰兒在母體內這個階段，就具備了記憶及學習能力。這段時間的發展，完全由母親主宰。母親的飲食、環境及心情對嬰兒的影響，大到許多父母都不能想像。研究嬰兒成長的專家麥可・克勞夫（MichaelCrawford）的研究指出，母親懷孕時的營養不良、抽煙、酗酒或是心情不佳，將導致新生嬰兒發育不良現象。這些現象如體重不足，腦細胞分裂不完全，智商偏低及成人後容易引發心臟病及高血壓等。

克勞夫發表研究報告時指出，一般母親在這段時間的營養及心情對小孩的重要性，了解的程度相當低，感到驚訝與不解。因為，這段時間對小孩子太重要了。一個不了解其重要性的母親，除可能讓孩子錯過寶貴的成長良機外，更危險的是，可能讓嬰兒發育不良，甚至於造成小孩的不安全感。準此，學習並了解這段時期的重要，可說是每一個要當父母的公民的基本責任。

☑出生後

美國芝加哥大學教授班哲明·布魯姆（Benjamin Bloom）於1964年發表研究報告，指出人類有百分之五十的學習能力（不是百分之五十的知識或智慧），是在四歲以前發展完成的，另外百分之三十的學習能力，則是在四到八歲之間形成。其次，布魯姆更長期追蹤實驗對象，發現男孩在18～20歲所呈現的個性及企圖心，有百分之五十是在三歲前就養成。而女性的個性及依賴性則是百分之五十在四歲前被培養完成。由此可見六歲前的關鍵時刻之重要性，為人父母者，絕不能忽視這個發展學習潛能的黃金時段！

另一個強化上述觀點的實驗是加州柏克萊大學的老鼠實驗。如前所述，頭腦主要是由腦細胞及神經膠質細胞所組成。該實驗將老鼠分成兩組，一組置於多樣及活潑的環境中。如有高低起伏的活動空間、翹翹板、轉輪或是互動性玩具等；另一組則單調呆版的環境。環境中空空如也，活動的空間也小。經過一段時間後，檢驗腦細胞及神經細胞的發育，發現多樣活潑環境的老鼠，腦細胞持續變大成長，樹突分枝越增越多。而單調枯燥環境的老鼠，則是腦細胞成長遲緩，樹突狀分枝甚少。然後，將這兩組老鼠放進迷宮中，多樣組明顯比單調組快速且輕鬆的找到出口。

父母執照之內涵

☑ 營養

父母要瞭解不同成長期所須要的營養及可能的疾並預防。約妊娠二月左右，是胎兒腦部細胞開始發育的時刻，從出生後到2歲，是腦部細胞發育的高峰期，此後一直到6、7歲，則是神經細胞生長發育的重要時期，若食物攝取的正確，則可使幼兒大腦發育到最佳狀況。至於詳細食物的攝取，在健康5.0的章節中有更詳盡的敘述。

☑ 兒童成長特點

(1) 幼兒期

自一歲至三歲為幼兒期，此時生長速度已趨緩慢，對外界適應力逐漸增強，應注意斷奶後的飲食調理，培養良好的飲食習慣，吸收健腦食物的精華，避免偏食、吃零食及喝冰冷飲料，飯前盡量勿吃太甜、過油高脂之食物，避免產生飽脹感而影響正餐食慾；及時正確的腦力開發。

(2) 學齡前期

自三歲至五歲為學齡前期，此階段生長速度平穩，適時的潛能開及激發創造力發為本期重點，幼兒此時抵抗力增強，但因活動範圍變廣，又缺乏基本安全常識，所以容易發生跌傷、撞傷、燙傷、刀傷、誤食藥物等意外事故，部分膀胱虛弱的幼兒，會出現尿床的困擾。

(3) 學齡期

自六至十二歲，從小學一年級至青春期前為學齡期。此期因身體機能日趨成熟，嬰幼兒疾病已較少見，但卻是部分過敏性疾病的好發期，常見如鼻過敏、氣喘、眼睛過敏、腎病綜合症、風濕熱及過敏性紫癲等，宜做好預防治療。

☑ 互動與啟發

(1) 祥和的家庭

父母必須是好的一面鏡子，一個好的引領者。當母親的尤其要注意，當你懷胎時，你的感覺都會經由神經系統傳給胎兒。如果你經常的心情是開心、高興及溫馨，那小孩子就會感受到溫馨快樂。如果你學習語言，在學習的過程中，胎兒也會跟著學習。所以，當母親的絕對要注意自己的生活方式及言行舉止，因為影響胎兒深遠。

因為，胎兒四個月大的胎兒就開始會用耳朵，去傾聽外界的聲音。來自母親的溫柔的聲音，對胎兒有安撫心情的作用；自然的流水聲、鳥叫、蟲鳴等是帶給胎兒安詳、甜美的感受。吵雜、巨響使胎兒煩躁；夫妻吵架是胎兒最大的痛苦。胎兒在媽媽肚子裡也會有快樂、不快樂、不安、生氣等心覺！母親的喜悅、關懷對培養胎兒的「安定感」、「同理心」、「正向性格」有相當大的幫助。

(2) 正面樂觀的態度

正向的人會影響周圍的人，同樣的，正向樂觀的父母，也會影響家人，尤其是小孩。試舉一例，有一位失意的年輕畫家，在飽受各種挫折後，好不容易有了一個工作。由於薪資不高，他住在廢棄的車庫裡。每到深夜，還常常聽到一隻小老鼠吱吱的叫聲。一般人遇到這種情況，一定覺得屋漏偏逢連夜雨，睡個覺都不得安寧，還要被老鼠吵。這還不打緊，日子久了，小老鼠竟爬上他的畫板玩耍。這時候，大多數人會選擇，想辦法將老鼠解決掉。這位仁兄，卻想到自己遭遇這麼差，發生同理心，也就容忍了小老鼠，後來甚至產生與它共同生活的樂趣。

而後，畫家被介紹到好萊塢去創作動物的卡通片。由於以往並沒有類似的創作，他的創作進度頗為緩慢，經常竭盡腦汁，還是一無所獲。突然，在一個深夜裏，他腦中閃過那隻與他共同生活的小老鼠，在畫板上跳舞的景象。在這偶然的靈光一閃之下，他創造了風靡全球的卡通人物米老鼠，這位年輕的畫家就是世界知名的華德。迪斯耐。後來，迪斯耐不僅成為這卡通片的王牌，迪斯耐樂園更成為全球人士旅遊或遊玩的勝地。

有朋友聽到這個故事後說：「原來，華德。迪斯耐的成功的關鍵，是一隻小老鼠。」

我說：「錯了，成功的關鍵是他正面樂觀的態度。」

職是以故，父母應該經常閱讀振奮人心的故事，這些故事除了可以激勵自己積極及正面的人生觀，也可以講給成長中的幼兒。這對幼兒的心靈會產生巨大的影響。

(3) 用心傾聽小孩的感覺

受到關心會讓人產生溫馨與安全的感覺。成長過程的小孩當然對被關心有著更強的渴求。要讓小孩感受到被關心，首先，家長要先了解小孩的感受。從互動中學習了解他，小孩子有小孩子的表達方式，學習了解他就是關心的開始。當孩子有聲音或是有動作時，儘可能放下你手邊正在做的事情，專心聽他講話。聽他講話的時候，臉上的表情要有熱情而且有互動的感覺，這樣小孩才會感受到關懷的溫馨。

奧斯卡金像獎大導演史帝芬。史匹伯，小時候就喜歡編劇當導演。他父母親觀察出這個現象後，買攝影機給他，同時全家人包括拜託鄰居，扮演史帝芬。史匹伯編劇中的角色。這對史帝芬。史匹伯未來成為知名導演的發展，有正面的影響。如果他的父母不傾聽他的聲音，不關心他的興趣，要他好好讀書，不要玩攝影，玩編劇，恐怕埋沒了史帝芬。史匹伯的才華。

《法式翻轉教育》一書便指出，父母應醒悟最初的教養初心：孩子不只是學生，他是我們的孩子。我在演講時常說：「很多家長願意為孩子做任何事，但是，就是不願意讓孩子做自己」以及「很多家長一直要求小孩改變，但是，就是不願意改變自己。」就是在提醒家長，許多教養問題的根本就是家長，站在自己的立場，沒有站在小孩的立場著想。

(4) 適時適當的讚美或鼓勵

讚美是積極作為，也就是引導小孩作正確良好的事情，當小孩達成之後，給予正面的鼓勵。要知道，腦波是會相互感染的，當傳達讚美與鼓勵的語言與動作時，幼兒腦波也會受到影響。如果小孩做得好，做得對，雙親給予正面的鼓勵與讚美，除了會培養幼兒的自我肯定與自信心外，亦會激發主動積極的人生觀。

不只是父母，我們當老師的，適時鼓勵學生都會產生相當的影響。我在擔任國立台北教育大學校長期間，都會發獎學金給有需要的同學。泰北高中林秋伶老師知道後，

跟我說：「我們有位同學，成積一直不錯，最近突然掉了下來。瞭解後，才知道是家中經商失利。」

我跟她說：「這位同學讀到畢業，我都提供獎學金。這位同學得知後，覺得社會還是有溫暖，有人關懷。成績開始回到原來水準，高三又申請到不錯的大學。」

林秋伶老師跟我說：「這位同學從原本的失落到積極進取，關懷跟鼓勵真是影響人太大了！」

☑頭腦的開發

頭腦的開發有兩個要項：教育方式及健腦食物。教育方式在教與學5.0一章將會探討。健腦食物則在健康5.0一章有詳細說明。

父母執照之配套

行政及立法部門除了建立「父母執照」制度外，立法部門及政府部門則應該制定政策，推動提升幼兒教育及家庭教育的功能。新加坡光2004年就投入160億台幣創造「友善家庭環境」。台灣政府也逐漸正視此一問題。在一次幼保拖育的研討會中，與會的專家有文化大學郭靜晃所長、蔡淑君、劉映秀、黃夢琪及莊增瀧等。

郭靜晃所長就指出：「愛爾蘭投入提升照顧幼兒品質的經費更是天文數字。因為，愛爾蘭認為，在知識社會中，投資下一代，就是投資自己的國力。」

研究托育政策的新北市議員蔡淑君說：「國際經濟合作發展組織登上多次最佳教育冠軍的芬蘭，明確的指出，家庭教育才是教育成功的關鍵。芬蘭發給家長照顧兒童的津貼，這讓父母成為政府聘用的褓姆。父母都可以申請育嬰假半年，且可以領六成薪水。芬蘭透過這樣的家庭補助制度，來提升幼而受照顧及家庭教育的品質。所以，我才會在新北市持續推動公辦幼兒園，以降低輔養壓力。」

劉映秀接著說：「所以，國際經際合作發展組織（OECD）的報告指出，學生的學習差距與家長的社經地位，芬蘭是全世界最低的。」

結語

我經常演講親職關係的主題會提到當父母應該要經過受訓取得「父母執照」時，一開始，來賓都會覺得好像是在講笑話。等到我說明小孩成長的黃金關鍵時期及頭腦「轉大人」及開發頭腦對創新的重要。再加上瞭解父母教養對小孩的EQ及AQ都有相當大的影響後。大多表示，政府應該規劃提供兩天到三天的課程，來教育要成為「父母」的夫妻，讓他們具備當父母應有的知識。

創新社會已然來臨。要當創新社會的父母，就必需在創新社會如何教育小孩，如何跟小孩相處，如何陪伴小孩，觀察小孩，能引導小孩適性成長。這些能力應融入在「父母執照」的課程中。立法部門及政府部門則應該制定法案及政策。父母執照及相關配套，如能早日推動「父母執照」，則國家是幸！人民是幸！

第5章 語言5.0：多語言的功用

在第五波中，多語言也成為創新社會的新職場競爭力。我持續學習語言就是觀察出這個趨勢。多語言能力越來越重要，乃是因為在國際化浪潮之下，一個國家國民的語言能力將影響國家的競爭力。在高雄應用科技大學應用外語系教授課程時，問同學們學語言的功能。

有的回答：「增加國際化能力。」

有的回答：「多一種溝通工具。」

當同學知道我會講多種語言時，

好奇的問：「為什麼要學那麼多語言？」

我跟同學說：「這就是LQ的Why to learn? 越瞭解學習語言的功能，就會越想學多種語言。」

學習語言的功能

1. 促進腦部多元開發。
2. 增強文化認知能力。
3. 強化聽覺識別能力。
4. 增強多種發音能力。
5. 激發創意能力開發。
6. 增加一種溝通工具。
7. 強化個人競爭優勢。
8. 維持青春減緩老化。

不同語言會刺激腦部不同的區塊，將幫助腦部多元開發。不同的語言有著不同的文化，比如，日本人過「米壽」就是過八十八歲生日，其原由就是漢字草書的「米」很像八十八。又比如，西班牙語中物品分陰性及陽性，這在中文中就沒有此類的區分。美國做過實驗，會在聽覺辨識及反應方面，講兩種語言的比只會講一種語言的，表現均好很多。由於會講多種語言，只要聽到不同省的人的講話，幾乎可以辨識其母語的省分。此外，由於不同語言開發腦部不同區塊，以及學習不同文化，以及增加多元溝通機會，這都會有助於創意之開發。學習語言與運用語言都會活化頭腦，經常使用頭腦，有助於維持青春，延緩老化。

世界上第一個將地區貿易轉為全球貿易的國家是荷蘭，而大批國際企業爭相赴荷蘭投資，其主要原因之一就是語言。荷蘭人幾乎都至少會講英、德、法三種語言，亦即，到荷蘭投資或設廠，員工的語言不是問題。同樣的，當中國成為世界第二大經濟體，中文也成為世界語言。也因此，許多國家在他們的高中開設「華語課程」。韓國許多企業都將華語能力列為升遷主管的考量因素。

美國開始擔心美國人的多語言能力，因為，當英語成為世界語言後，美國人已習慣別國的人學習英語。然而，其它國家的人學習英語，自然會至少兩種語言。美國拜英語為世界語言的優勢，讓美國人不需要學其他國家語言。然而，這是雙面刃。因為，當其他國家的語言越來越重要時，相對的，對美國人就不利了。

曾經有美國朋友John問我：「『雙語言』英語怎麼說？」

我說：「Bilingual。」

John再問：「『多語言』的英語？」

我回John：「Multilingual。」

John再問：「只會一種語言呢？」

我在思考的時候，John說：「『American』。」

然後，我們都笑了！其實，笑話會隨著時代的變遷而轉移。這個笑話如果在十年前講，並不好笑。現在會覺得好笑是因為，美國人只會講英語，在「多語言」時代，將流失競爭力。

連美國都開始警覺「多語言」的重要，我們來看看台灣的情況。國人平均外語能力在亞洲居後段，這是國際競爭的警訊。外貿協會就有成員表示，我國的國際化人才，遠落後香港及新加坡，而「國際化」就是香港及新加坡多年來在四小龍中的優勢。曾為亞洲四小龍之首的台灣，現在已敬陪末座了。

有鑑於此一問題，為了提升語言能力，教育單位遂將英語學習提前到小學三年級。然而，這種思維是認為語言學習成效不佳的原因，是由於「學習時間不夠」。但，真的是因為「學習時間不夠」嗎？我曾應邀到各級學校及台北市政府公教人員訓練中心演講「效率英語學習法」。

在演講時，針對這個問題我說，請看，歐洲許多國家的國民會說三、四種語言的比比皆是。教育改革出名的芬蘭，九年國民義務教育後，國民都可以講芬蘭、瑞典及英語。為什麼這些國家的國民，用比我們更短的時間，可以學這麼多國的語言？是他們比我們聰明嗎？不是，不是他們比我們聰明，而是他們採用了效率的學習法。比如，美國愛荷華大學採用的超倍速學習法或是澳洲雪梨比佛利山中學引進英國的快速學習法。讓學生於三個月內學習語言，而所達到的聽、說、讀、寫效果，在一般的教育機構，則需要花一年以上的時間才能達成。我也開發了效率語言學習法並完成《神奇語言學習法》一書，本書得到行政院新聞局推介中小學優良課外讀物獎。而後，繼續開發語言學習法，才會提筆寫語言5.0，提出ＬＬ5.0（Language Learning 5.0）。

聯合報曾報導小學學英語造成一成學生「早學早放棄」後，接到許多小學老師的電話說：

「莊教授你多年來一直提醒我們，要強化英語能力，要改變的是英語教學方法，不改變語言教學法，只將語言學習延伸到小學，效果不會太大。再者，由於語言學習方法效果不佳，會導致部分小學生提早放棄英語，果真應驗了。」

我說：「別說小學，98年學測英文作文有兩萬多人拿鴨蛋，也是同樣的問題。現在，有些大一學生英文字母都背不完整。是以，找出語言教學法的問題，對症下藥已到了刻不容緩的時刻了。」

職是以故，我持續研發語言學習法，更自己運用及學習。我十六年前四十四歲，也努力學語言，然而，再努力也只會講三種語言（國、台、英）。現在，可以講十二種語言，增加了九種：客家、廣東、上海、四川、福州、日語、韓語、西班牙語，及義大利語。我擔任北教大校長時的司機林克穆先生，也是另一個例子。從不敢講英語，改變成在車上跟我用英語交談，東森電視還對他作過專訪。這告訴吾人，我們學語言成效取決於有效率的學習語言方式。從開發《神奇語言學習法》至今，在書中的基礎之下，又增強新的學習方法，將於以下說明。

首先，回顧傳統的語言學習法。語言學習兩大要項，語言材料輸入腦中；表達時將語言輸出。傳統英語學習法的兩個特性，輸入方式：文字記憶；輸出表達：中文轉換。傳統的英語言學習法是1.學字母。2.音標。3.背單字。4.記片語。5.學文法。主要的記憶都是以文字為主。然後，要講英語的時候，將要表達的情境，先以中文形式出現於腦中，接著，將中文的形式轉成英語。

我們來分析傳統語言學習法的問題。在輸入方面，將語言輸入腦中採用的主要是「文字記憶」。然而，文字記憶是人腦記憶方式中最弱的。一般人學語言就是先學單字，學單字的方法就是死記，硬背下來，如學英文，從考高中聯考到出國考托福，不管是來自那個學校，大多會聽過背字典或是背托福、GRE的單字教本。我還記得我以前為了考托福，天天拿一本托福必考單字字典死記。其次，在發音方面。用音標的學習法效果不佳，因為，人的眼睛不能辨識聲音。採用音標學習法會將自己的母語發音加入所學的語言，所以，會產生腔調，且發音不準，這會讓學習者不敢講所學語言，又降低了學語言的機會與效果。

在輸出方面，傳統語言學習法是「間接翻譯法」。腦中先出現中文再翻譯成英文。這種方法有嚴重的缺失。因為，語言的表達方式是經過文化長期累積而形成的。比如，「挖東牆補西牆」，這句話如何以英語表達？直接翻譯就是Dig east wall to pave west wall。但是英語的文化不是以「牆」為主體來形容，是以「人」為主體。所以，英語的說法是「Take from Peter to pay Paul[註]」。再看，火車「南下列車」或「北上列車」。我曾問學生「南下」、「北上」英語怎麼說？有同學說：「South Down」、「North Up」。英語的文化中方向沒有「上下」，所以是「South Bound」、「North Bound」。我曾看一部影集，中文字幕上出現「這件事會發生，當豬會飛。」在場有朋友問我，當豬會飛是什麼意思？我跟朋友說，翻譯的人翻錯了！英語的「When pigs fly」是表示根本不可能，因為，豬不可能會飛。但是，不可能的事在中文的表達方式是「太陽從西邊出來」。所以，應該翻成「太陽從西邊出來」。我們可歸納出傳統的語言學習法的特質有三：1.文字記憶。2.學習文法。3.中翻英。

☑ 傳統語言學習法

先在腦中記憶單字及學習文法。

註 比較常見的用法為「Rob Peter to Pay Paul」，但俗語用法繁雜，故保留作者的用法並加以註解。

表達時採用「間接翻譯法」要表達的情境以中文方式出現，再將中文轉成英文。

☑情境學習法

採用「直接情境記憶法」

要表達的情境，直接記憶要表達的語言。情境記憶所記的就是所要表達的。

採用LL5.0

為了提升學習語言的效率，在此介紹「LL5.0」LL是Language Learning。LL5.0在輸入方面，採用情境、圖像、聯結記憶為主，文字記憶為輔。以鄉土語言學習為例。曾於多年前為文「採用錯誤語言教學法，鄉土語言將會滅絕」。教育部亦曾安排我去跟鄉土語言推廣教師講「如何強化鄉土語言教學」。我開宗明義就說：「鄉土語言不是用『教』的」。我說：我們讀小學的時候，不但沒有鄉土語言教學。相反的，在學校還規定不能講鄉土語言，講了還會罰錢，這等於是打壓鄉土語言。

在沒有鄉土語言教學還被大力打壓的情況下，我們都會講鄉土語言，而且，還講得不錯。現在，在學校有鄉土語言課程，學校還鼓勵學生講，還有各種鄉土語言演講比賽。結果呢？小孩大部分都不會講，為什麼？因為我們採用的有效率的語言學習法，而現在的小孩子卻用了沒有效率的學習法。想想，以前，我們有沒有背鄉土語言單字？沒有啊！但是，我們自然就記住了。現在的小孩子要背鄉土語言單字，但是，卻記不住。我們以前沒有單字，記憶的方式就是情境與圖像。所以，幾乎沒有背單字的感覺，我們就記住了，到現在都不會忘記。現在的小孩子的記憶單字方式就是「文字記憶」，所以，很難記，很容易忘。也因此，鄉土語言的教學成效不佳。

所以，要提升鄉土語言學習成效，要改變鄉土語言的學習法。前教育部長蔣偉寧看到鄉土語言教學成效不佳，他幕僚提出的方法卻是在國中再加開設鄉土語言課程。這是本末倒置。問題在學習方法不對，不要說國中，即使高中也開設鄉土語言課程，還是學不好。

我又問在場的聽眾，三、四歲的小孩，送到美國去。不用半年，就可以講基本英語。為什麼？因為有學語言的環境。內行看門道，外行看熱鬧。認為是「環境」就是看熱鬧。內行的人可以從這看到「門道」。「環境」只是外觀，「環境」造成的學習方式才是重點。小孩才三、四歲，所以，也不會單字、片語及文法。小孩學語言的記憶就是情境與圖像。

老師們會問：「小孩沒有學英語文法，怎麼會講對英語？」

我說：「問的好！請問，你們懂中文的文法嗎？不懂，但是，會不會講錯？不會。可是你們都學過英文的文法，會不會講對？講的經常不對，為什麼？因為，學習語言採用情境記憶時，人腦會自己學習理出文法的潛規則。也就是說，情境記憶學習的另一個重要功能是將文法內化。三、四歲小孩聽英語聽到An apple，two apples，three apples，會慢慢理出在多數的情境時，該名詞後面要加s。同樣的，當聽到Where do you live? He lives here.時，會慢慢理出在第三人稱的情境，動詞要加s。」

再舉另一個例子，讓大家思考一下。先有語言還是先有文字？當然是先有語言，而後倉頡造字造成驚天地泣鬼神。想想，在沒有文字的時代，是如何學習語言的？沒有單字，沒有音標，沒有文法，那用什麼方法學語言呢？就是採用「情境學習法」。再想想，有沒有祖先在學習語言的時候產生困難？沒有，大部分的祖先都不認識字，但是，學語言都自然就學會。而且對過去許多事情可以朗朗上口。反而是學認識字相當困難，所以，大部分的祖先都不認識字。現在的語言學習法，讓學習者認識很多單字，卻不會講，就是學習方法錯誤所致。所以，多年來我持續推動效率語言學習法，情境學習法則是其中最主要的方法。

情境記憶學習法的三個步驟：首先，腦中先出現要表達語言的情境。其二，找出該語言要表達的情境的表達法（語言與聲音）。因為是情境的表達，所以，要表達的一定是句子。也就是說，情境記憶以句子為單位。第三，在此情境下，反覆練習將表達的語言與情境結合。練習到情境與要表達的語言結合，也就是說，要表達的情境出現在腦中時，語言就跟著表達出來，就達到學習效果。達到此效果時，當表達該語言時，該語言的文字不需在腦中出現。就如同我們平常在講話的時候，腦中是不會出現文字的。請注意，當你腦中還會出現文字時，你的語言還沒到達語言應具備能力的境界。

情境記憶有三個功能：1.強化記憶。2.理出文法。3.直接記憶。以鄉土語言學習為例。我們小時候根本沒有學習鄉土語言的感覺，自然就學習會講鄉土語言，就是採用情境學習法。其次，我們小時候根本不知道鄉土語言的單字，我們記的單字都是情境記憶。很自然就記起來，且不容易忘掉。由於學習的時候是直接記憶，在表達的時候，不需轉換，所以所學的就是要表達的，表達幾次後，很快就朗朗上口了。

情記學習法已經相當有效率，ＬＬ5.0則是在情境學習法的基礎下，增加了兩項強化學習的方法：1.聯結記憶。2.強化情境記憶。在記憶方面，增加了聯結記憶。情境學習的記憶則從以句子為單位，擴增到多句子的更大情境。

學語言常會聽到人說：記憶不好，連單字都記不住，怎麼會學得好呢？這又是一個破壞學語言的觀念，請注意，記憶專家，巴黎的羅森威博士之研究指出，人腦每秒中記一筆資料，連續記一百年，才使用了人腦百分之一的記憶儲存空間。《學習地圖》一書亦指出，大部分的人頭腦開發不到百分之十，只要開發到百分之三十，可以講一、二十種語言。由此可見，不是記憶力不好，而是沒有運用有效的記憶方法。

將新的資料輸入腦中，將儲存於腦中。然而，不是儲存後，隨時都可取出。我們都有經驗，遇到老朋友，忘記了名字，等到朋友離開了後，又想起來。這個例子告訴我們，忘記不是不見了，而是找到資料的線路在那時刻斷掉了。「聯結記憶」的基本概念就是將要儲存的資料，跟既有已儲存的資料相聯結，如此一來，要尋找該資料有相乘的效果。

聯結記憶有多種型態，首先介紹「音意聯想法」。音意聯想法採用的策略是將要記的單字的意思及發音與學習者原本會的語言進行聯結，強化記憶效果。在此舉二個例子。

1. 松鼠，英文為squirrel，其特質之一是吃果子，吃果子可以翻成「食果肉」，因此可以將松鼠的英文與「食果肉」的發音聯結，進而畫一張圖像是松鼠在「食果肉」，強化聯結效果。

2. 恐龍，英文為Dinosaur，若看日本片的恐龍有點像呆頭呆腦的怪獸，簡稱「呆腦獸」，將其發音與英文聯結。

此類的方法，可運用於各種語言之學習，有學生學過日文，遂問他日文的「狗」怎麼說？他回答，不太記得了，我告訴他，用聯想法很好記，狗的特質之一是忠義的奴僕。他頭一拍說，我記起來了，狗的日文發音是「義奴」，沒錯，此種聯想法，容易記且不易忘。韓文的失禮打擾了就是河洛語的「失禮」si-lei。對不起就是河洛語的「未安」bi-an，因為對不起，未能安心。

其次，介紹「字意聯想法」。運用在相近語系上，如義大利文與西班牙文相近，謝謝的西文是Gracias，義大利文是Graze。同樣的，中文影響著日文及韓文，會中文的人，學日文或韓文都可採用字意聯想法。「字意聯想法」，就是找出要學習之語言與本來就會的語言之關聯。有哈日族說非常想學日語，問我學日語有沒有較有效的記憶法，我告訴他當然有，更跟他說，你早就懂得五十音的部分及許多單字了。

他驚訝的回答說：「別開玩笑，我還沒開始學，怎可能會部分五十音及單字？」遂問他：「要不要賭一塊錢？隨手寫六個片假名及十個單字都會唸，相不相信。」

他回說：「怎可能，一塊錢穩賺的，賭了。」

於是我寫了幾個字後說：「聽你的口音會講河洛語，請用河洛語發音，ア是取自阿的左邊之部分，音就是『阿』，イ取自伊字的左邊，音就是『伊』，ウ取自宇的上邊，音就是『宇』。」

我又再問：「有沒有喝過天仁茗茶？テ取自天的一部分，ニ取自仁的右邊，此兩音就是天仁茗茶的『天仁』，另外，ス取自須要的頁之下邊，發音就是『須』。請唸唸テニス這三個音。」

他唸一唸，手一拍說，知道了，是英文的網球。

情境學習

☑從基本情境句子學起

初學者學習單字可以有兩種方法。其一，將其背起來，這是大多數人常用的方法。其二，從句子中學習。以下面表1九個單字為例。

大家先採用第一種方法背背看。

第二種方法是從句子學單字的學習。從句子中學習，會讓單字更有生命，讓其與生活結合。要知道，單字是用來描述

表1

Because、Typhoon、electricity、cut off、police、finally、put down、rebellion、school

事物或事件的，單獨的記或背，是相當機械化的操作，不僅記憶效果不好，即便記得，也容易忘記。因為，單字是死的，而要說的話，是活的。記句子就是將死背的單字，活化過來，活用到生活上的表達。任何句子都是一種情境表達，以表2的句子為例，

在學習句子或句型時，如果能融入該句子所表達的情境，那學習效果將大幅提高。更棒的是，學會句子後，單字自然就記起來了。

☑擴增情境

而一個句子表達的是單一情境，然

表2

Because of typhoon the electricity was cut off for 8 hours。（因為颱風停電八小時）

Because of typhoon there is no school today.（因為颱風今天學校停課）

The police men finally put down the rebellion。（警察終於將叛亂鎮壓了下來）。

而，人類在實際的溝通情況是大多是一組情境。比如，我在演講時，用十分鐘教會來賓十句韓國話。其中，前四句就是一組情境。你好，身體健康，歡迎，請坐。也就是遇到韓國來的朋友，一見面就可以連續講這四句。

再舉一例，將下列表3的四個句子採用情境記憶法分開記憶。

接著，採用情境組群法來記憶表4這四個句子。

表3

1.What are you planning to do?

2.Okay, but be home by 6:30 for dinner.

3.Working together on our assignment.

4.Dad, may I go over to John's home?

如果記了一千句，適當的整理後可能成為200～250個組群。一來強化記憶效果，二來簡化記憶的單位數量。我採用此方法後，記憶英文句子數量快速增加，語言表達能力也強化許多。

看影片學語言

利用看電視休閒的時間同時學英語，可說是「摸蛤兼洗褲」。學語言要將語言與該語言的情境結合。電視中的影集就是最好的學習材料。如果採用此種學習法之後，再運用情境組群的概念，讓從電視上所學習的材料，能有更好的發揮，更增強學習的效果。情境組群就是將連續的情境

表 4

1.Dad, may I go over to John's home?

2.What are you planning to do?

3.Working together on our assignment.

4.Okay, but be home by 6:30 for dinner.

或是類似的情境結合成一個組群。

要知道，情境記憶的強度很高，將情境與語言結合後，會大幅增加記憶能力。然而，在生活上，許多情境是連續的，如果將數個連續的情境與語言組成組群來記憶，那更會強化記憶的效果。情境組群有幾種型態，其中一種是將類似的情境的用語形成組群。比如，當人問候How are you？可以回答的組群有：I am fine、can't complain、pretty good，及could be better等。記情境群組除了增加字彙，還強化群組相互間的記憶。我在學義大利文時，我就從義大利文的幾本書中，整理群組。比如，義大利文的「你好嗎？」是「Come stai？」。一般有四種回答方式：「Non c'è male（還不錯）」、「Così così（馬馬虎虎）」、「Come sempre（老樣子）」、「Molto bene（很好）」。在高苑科技大學演講時，遇到留學義大利的教授，他知道我會講義大利文，跟我說：

「Come stai?」

我就回：「Così così, Come sempre, Non c'è male.」

他就覺得我反應蠻快的。

另一種型態是連續情境，以下舉兩個例子。我從電視上看到的某些片段整理下來，以小區塊的連續情境進行記憶，發現效果相當良好，大家可以先試試看。下文將再進一步說明。

甲：The meal is ready.

乙：It's too cold to eat.

甲：It needs to be warmed up in the microwave.

乙：Here, I'll do it for you.

語法類似也可以形成組群強化記憶，如表5，

表5

done is done（做了就做了）

what is going to happen is going to happen（會發生的，終究會發生）

whatever will be will be（將來會如何，就會如何）

I did what I did because I am who I am（我會這樣做，因為我就是這樣的人）

將所學的句子，整理成情境組群或是類似語法組群有兩個效果。其一，為了組成組群，會讓自己更進一步的了解，所記住句子的用途。其二，組群一旦形成，強化記憶效果。由於每個人喜歡看的電視影集並不一樣。因此，家人一起合作，採用情境組群學習法，來看電視學英語。那就可以分享對方的情境組群，可更強化學習效果。以下的表格是我看了電視影集後，將所聽到的句子寫下後，再組成情境，以強化學習效果。記群組情境的效果比單獨記一個句子，要來得好。

表 6

1.Get some sleep.

2.We have an early start.

3.Is everyone here?

4.We don't have too much time left.

5.He is on the move.

表 7

1.He brought you into this mess.

2.You need to get a lawyer.

3.Don't have to be that way.

4.Look at your situation.

5.You better wake up.

表 8

1.You have a good heart.

2.You are the brain.

3.You are a brave man.

4.What do you want for me?

表 9

1.Promise is promise.

2.Tell me everything you know about it.

3.You give me more. I'll give you more.

4.That's an interesting thought.

結語

我十多年前就寫文章呼籲政府，繼續用錯誤的鄉土語言教學方法，台灣的鄉土語言會消失。無奈，教育部門並不正視。現在，年輕人會講鄉土語言已經越來越少。學習語言方法的重要性可見一般。

將學習語言單獨寫一章，就是因為學習語言的方法影響學習語言的效果至鉅。然而，台灣普遍將學習語言效果不佳的原因，誤解成沒有語言天分。這會讓原本可以學習很好外語的學習者，失去學習好外語的機會。

在第五波中，外語是重要的競爭力之一，是以，在本章提出ＬＬ5.0，希望能提升大家學習語言的成效。由於我採用ＬＬ5.0後，現在可以講12種語言。TutorABC微影片制作團隊來訪問我，拍了兩片微影片：

1.會講12種語言的語言達人。（https://youtu.be/pEErRSPCxH8）

2.教出會思考的小孩。（https://www.youtube.com/watch?v=k9YeqWxlZ20&feature=youtu.be）

可以從以上網址觀看或上莊淇銘老師粉絲團觀看。

第6章 健康5.0：未病先防更健康

世界先進國家已經將國民的健康指數列為國家競爭力的指標。醫療的觀念也從生病後到醫院看醫生就診，逐漸的轉移到「治未病」。「治未病」遠在中國上古三大奇書之一的《黃帝內經》中就有記載。進入新的創新社會，健康的觀念也要創新。健康5.0包括幾項：飲食5.0、運動5.0、睡眠5.0。

飲食5.0

☑ 飲食的熱量：1-1=0

我國國民平均肥胖指數大幅攀升，成年男性過胖比率高達51％，女性則為36％。

這情況不僅會影響國民的健康水準，因為肥胖而引發的病症相當多，必然增加健保給付支出，社會應正視此一問題。

我教授未來學，並持續推動「新飲食」觀念，呼籲社會，人類已進入知識社會，應該養成適知識社會的飲食方式。我每天只吃兩餐，每週運動五次，幾十年來維持一定的體重

為什麼會肥胖？

很簡單，將「舊社會飲食」系統，帶到新社會。台灣在短短的數十年間，從農業社會、工業社會、資訊社會、知識社會到進入現在的創新社會。在知識社會中，工作的型態及工作的環境，熱量的消耗遠不及農業社會。也因此，父母親在農業社會養成的，高熱量三餐飲食方式，已不符合知識社會的需求。在知識社會，人類的休閒時間及方式都有別於農業社會。農業社會下午在種田，現在的人是在喝下午茶。農業社會的人很早就上床，現在的人吃完宵夜再睡覺。可是，許多人沒有注意到這點，就農業社會的高熱量「飲食」系統，帶到新社會。再加上知識社會的許多美食含有各種加工

食品，於是乎，肥胖的人士持續增加。

知名未來學作家艾文．托佛勒，在《未來的衝擊》書中，提到一個延長生物壽命的研究。這研究經由各種方式對生物進行實驗，結果發現一個相當有效的方法，即每日吸收的熱量相同於消耗的熱量的飲食方式的各類生物，壽命延長了10～15％。這個研究結果相當合理。肥胖就是攝取了不必要的熱量及營養所造成的，讓每天攝取的熱量等同於消耗的熱量，簡單的數學表示就是：1-1=0。沒有吃進過多的熱量，自然就不會肥胖了。這就是我提的「飲食5.0」觀念。

其次，多吃增加的不僅是肥胖，還增加胃、腸的消化吸收工作，也增加了肝及腎的負擔。在目前的三餐習慣中，早餐是金，午餐是銀，晚餐可以不吃。所以，有些人過午不食。但，個人因為晚上有較多的應酬，我選擇了不吃午餐。我已經30年沒有吃午餐了。不吃午餐後，省下的時間，有時候看書，有時候打球。也因此，我成為教職員羽球、桌球及網球隊隊員。此外，少一頓餐，胃肝腎等器官就可休息，況且，現在食物存在不安全性，少一頓也少一次不安全的飲食機會。

我父親身高跟我差不多，體重比我重約8公斤，有高血壓症狀。這讓我有點擔心，我25年前，我曾經體重快接近他了。我採用新飲食方式後，體重就降了7公斤，

身體健康情況也都變好。所以，

我跟父親說：「進入新的社會，應該有『新飲食』的觀念，採用新飲食方式。」

後來，他改成吃兩餐，他不吃晚餐。採用新飲食方式後，過了半年，瘦了7公斤，也高血壓不見了。另外，我在高空大擔任校長時，學校的老師蔡宗哲，身高185公分，90公斤重。他一直為體重過重煩惱。他聽了我對飲食的新觀念後，半年內減少了12公斤體重。長期困擾他的肥胖問題，從此離他而去。

12年前曾獲邀到南港扶輪社演講「未來學」，也談到新社會要養成新飲食系統。當時的社長過一年後再邀請我，見面時問我，你認得我嗎？我真的不太認得，因為他改變飲食系統，瘦了15公斤，穿的西裝全部換了。

☑飲食的內涵

在創新社會中，腦力成為創新最重要的來源。也因此，飲食的食物，不只是考慮熱量的多少，更要考慮增強腦力。不少朋友都知道深海魚類有助於頭腦的活化。其實，不只深海魚類，不少食物都會增加頭腦的活力。很多父母，總希望提供高貴健腦的補品給心肝寶貝，殊不知在飲食方面，只要均衡的攝取六大營養素，大多可攝取足量的健腦營養成份，反而是營養不均衡的偏頗飲食，將無法提供大腦所需的養分，因此若能輪流攝取每種天然食物，將可吸收大自然的精華，使腦力源源不絕。每種營養素都是強化智力的小尖兵，了解這些健腦食物，善加利用，就是提升腦力的好幫手：

脂肪中之不飽和脂肪酸為大腦細胞及神經修復的主要材料，是促進腦細胞發育及神經纖維的形成，維持大腦智能活動的必要物質；蛋白質也是腦細胞的主要成份之一，掌管腦神經興奮與抑制的重要物質，可增強記憶力、語言學習力及思考活動力，促進神經傳導，嬰幼兒期若攝取量不足，則可能影響腦細胞的大小、數目及分化程度，引起大腦發育不良的症候群；當腦力在活動，需要消耗大量的熱能，醣類則為腦細胞活動的主要能量來源，所以適時提供碳水化合物，對「用腦族群」的能量供給是必須的。在維生素方面，維生素C是穩定腦細胞結構，使營養輸送通暢，使腦敏銳的必要物質，維生素B群則是促進醣類分解，提供熱量，協助蛋白質，維持腦細胞的正常功能的必要物質；維生素A則有促進大腦和骨骼的發育等功能，維生素E是很優質抗氧化劑，為預防腦疲勞的重要成份；在礦物質方面，鈣可抑制腦細胞異常放電，穩定情緒，使保持血液呈弱鹼性，減輕身體疲勞，增強抵抗力，磷參與神經纖維傳導，

是大腦活動的必需物質，鋅則是促進兒童發育及提高智力的微量元素。比如，

醣類

糙米、胚芽米、小米、糯米、小麥、蕎麥、燕麥、大麥等五穀雜糧米；紅糖、黑糖等。

蛋白質

海鮮類（蝦蟹類、貝類、章魚、墨魚等）、蛋、肉類（羊肉、牛肉、豬肉、雞肉等）。

維生素B群

乾果類（如核桃仁、腰果、松子、榛子等）、種子果實類（芝麻、花生仁、南瓜子、西瓜子、杏仁、葵花子）、水草類（如紫菜、海菜等）、金針菇、香菇及其他黃綠色蔬菜；酵母製品、肝臟。

維生素C

棗類、草莓、柿子、金桔及其他鮮果；綠茶、蒜頭、馬鈴薯、番薯、龍鬚菜、甜辣椒、菠菜、番茄、芥菜、高麗菜、荷蘭芹及其他黃綠色蔬菜等。

維生素A

牛奶及其製品（如乳酪、優格等）、鱔魚、蛋、肝臟、金橘、南瓜、胡蘿蔔、韭菜、紫菜、甜辣椒、菠菜、油菜、芹菜及其他黃綠色蔬菜。

維生素E

小麥胚芽油、紅花油、米糠油等植物油；五穀雜糧、番薯、黃豆、花生、芝麻、萵苣、菠菜、豌豆、青豆、荷蘭芹等蔬菜；瘦肉、蛋、肝臟。

鈣

金針菜、荷蘭芹、芥菜及其他葉菜類蔬菜；海帶、紫菜等海藻類；小魚乾、泥鰍及其他連骨小魚；牛奶及其製品（如乳酪、優格等）；大豆及其製品，如豆腐、豆漿、腐竹、腐皮等。

鐵

肝、蛋、海產品（海菜、海帶、紫菜、蝦皮等）、番茄、菠菜及其他綠葉蔬菜；堅果、五穀雜糧、大豆及其製品，如豆腐、豆漿、腐竹等。

鋅

牡蠣及其他海產品（海菜、海帶、紫菜、蝦皮等）；牛奶、瘦肉、玉米、芋頭、白蘿蔔及茄子等蔬菜。

碘

海菜、海帶、紫菜、蝦皮、海魚、魚鬆等海產品。

運動5.0

☑ 運動的功能

運動除了有益健康外，還有幾項重要的功能。增強ＩＱ、ＥＱ及記憶。哈佛大學教授到台灣訪問時指出，運動會分泌多巴胺，強化專注力及學習動機，會增強ＩＱ。其次，運動會產生血清素，會舒緩壓力，增強對情緒的控制。此外，伊利諾大學Art Kramer用核磁共振測出體適能好的比適能差的海馬迴的體積大12％。海馬迴掌管腦中的資料整理、規納及記憶。海馬迴功能強，學習能力就強。運動比賽時，選手需要很強的訊息整合能力，學術上稱「後設認知能力」。這種能力可以運用學習及工作上。

雖然運動有這麼多良好功能，但是，國人對運動並不重視。天下雜誌調查，台灣中小學的體育時數每週約80～90分，是美國與法國的一半，比中國、日本少。在家庭中，運動亦未受到重視。主要的原因是因為，長期以來被腦中錯誤的系統所影響，這系統是「四肢發達，頭腦簡單」。如腦中有這個系統，趕快拿出大拇指將這個錯誤的系統Delete。

☑ 一天一萬步——BMW

我本來一天走五千步，後來因為紀政推動「一天一萬步」。遂進行了解後發現，雖然一萬步比五千步多一倍，但是，對身體健康的效果，超過一倍。於是拿起大拇指，將「五千步系統」Delete，灌「一萬步系統」進腦中。調整我每天的交通方式成為BMW。現在，幾乎都搭公共運輸工具。早上從介壽國中附近走到兄弟飯店的捷運站，搭捷運到科技大樓，再走到學校。以往，從學校到台北市政府開會，都是搭計程車，後來，改成走路，一趟大約35分鐘。以往，到桃園市政府演講，都是市政府派車到桃園車站接我去演講。後來，我跟他們說，不用接，我走路過去。此後，我去桃園市政府演講，都是從桃園車站走過去。

由於經常到台北市及新北市各地演講。有些地方離捷運有段距離，於是，我開始查捷運路線及公車路線，搭配捷運及公車，到演講的地點。所以，BMW就是結合Bus，MRT，及Walking，做為交通方式。每天走一萬步，除了增進身體健康，保持身材外，也減少二氧化碳排放量。

☑ 一周四次——流汗運動

除了每天一萬步外，我每周都會有三到四次的激烈流汗運動，時間約四十分到一個小時。以我自己為例，桌球、羽球或網球。我是我們學校教職員的羽球、桌球及網球隊隊員。

我會每周三到四次激烈的流汗運動，是因為讀過一個醫學運動報導，這報導說，一個人在年輕時如果維持每周三到四次，一小時左右的激烈運動。到了六、七十歲，體能會跟年輕時差不多。於是乎，我將這個系統灌到我腦中。從此，我一定每周三到四次的激烈流汗運動。因為，走路一萬步，是長時間溫和的身體運動。較激烈運動，如羽球，在運動時，需要瞬間的反應及全身整體快速的移動，這除了強化全身的整體反應外，也可以了解身體那部分器官，是否出現不適現象，以事先發現問題狀況。我持續這樣的運動方式至今，身體狀況跟年輕時相差不多。去年六十歲，還去升等跆拳初段。

前大學校長莊淇銘 跆拳道升段圓夢

【記者宋柏誼／台中報導】為一圓跆拳道升段之夢，六十歲的國立台北教育大學前校長莊淇銘，昨到台中參加中華民國跆拳道協會中一區全國晉段測驗，通過黑帶初段，是跆協舉辦該項測驗以來年齡最大的選手。

跆協中一區全國晉段測驗有二百多人參加，多為國小、國中及高中生，昨與莊淇銘對練的十四歲選手洪尉棚也是紅帶黑頭，兩人相差四十六歲，莊的身手跟年輕人一樣，輕易可起腳、身體運用自如，讓在場人士訝異。

莊淇銘說，跆拳是他最熱愛的運動，不僅可防身，透過招式套路的練習可以讓身體機能保持最佳狀態，每年有近三百場演講，就是靠平常運動維持體力。

看到腰上的八級紅帶黑頭，換上發亮的黑帶初段，莊淇銘開心說，「晉級就是給自己最棒的六十大壽禮物」。沒想到年紀這麼大還可以參加測驗，跟年齡差幾乎四倍的小選手對練，心境跟著年輕不少。

他說，測驗中的足技、型式、對練、擊破等套路，要靠平常拉筋訓練才能完成，若不小心就可能受傷。古書黃帝內經上記載「筋長一吋、壽延十年」，希望用自身例子繼續推廣跆拳。

莊淇銘的好友中不少是跆拳道高手，昨天主測官、台中市體育總會跆拳道委員會總幹事黃陸國說，常聽莊淇銘碎念因工作忙碌無法報名跆拳道晉級，這次剛好有機會，就幫他主動報名，希望幫他圓夢。

見證好友升段圓夢那一刻，黃陸國表示「相當開心」，莊是這項測驗有史以來年紀最長的選手，勇氣難得。

也是好友的吳兩平，是中華民國跆拳道學生總會理事長，在南非是一位經營貿易事業有成的僑領，除熱心協助台灣國民外交外，也出錢出力奔走奉獻推廣跆拳道運動。

六十歲的莊淇銘熱愛跆拳，每天仍勤走一萬步當運動。

記者宋柏誼／攝影

跆拳升段

☑健腦操

由於運動會開發腦力，那大家會好奇，身體不同的部位的運動，對頭腦的刺激與開發是否一樣？經過研究，發現身體不同的部位的運動，對頭腦開發的比例並不一樣。以下的「身腦反應人」是身體不同部位的運動，對頭腦刺激開發的相對比例。

從「身腦反應人」可看出，手占的比率非常高。也就是說，手部的運動對頭腦的開發很重要。也因此，我開發以手部運動為主的「健腦操」。先介紹一種，首先，雙手十指相對，相互對撞。接著，十指指尖相對合再一起。而後，一次打開一個指頭互繞，前繞及後繞。先拇指，繞完後。十指指尖再相對合起來。然後，打開食指互繞，依次類推，直到小指互繞完成。

請參考網址（http://www.youtube.com/watch?v=Ky40KNs3Anw&sns=em）的動作。

身腦反應人

睡眠5.0

我四十歲前都凌晨一點才睡，因為，我是電腦博士常寫程式寫到很晚。後來，我妹妹莊雅惠醫師告訴我，我的睡眠系統有修正，因為，人體肝跟膽修復最重要的時間是晚上11點到凌晨3點。四十睡前還年輕，晚點睡還可以撐。可是，四十歲後，再不修正，會影響肝跟膽的修復及身體的健康。

由於一點睡的系統是自己灌到腦中的，於是乎，我舉起大拇指，放在我的頭上，將頭腦中的「1點睡覺系統」Delete，灌「11點睡覺系統」進我腦中。這二十年下來，我覺得身體狀況相當良好，每天精神都不錯。

其次，一般人對睡眠的認識是，休息並補充體力，卻不瞭解睡眠的另一個巨大功能，那就是幫助學習。睡眠方式不正確，將大幅降低學習效果及單位時間生產力。

睡眠的功能不只在恢復體力，睡眠有另一個在學習上更重要的功能，那就是腦神經聯結與資訊重組、分析。

不知道讀者有沒有這樣的經驗，在學習過程中遇到不容易懂的部分，一直讀都沒有用，但是，有時候過幾天再來看這個部分時，發現已經懂了。這就是自我學習的例子，人類的知識儲存於神經網路中，神經網路的單位為神經元，人腦中無數的神經元聯結構成人類知識通路與智慧聯結網。在資訊爆炸的時代，人每天都要接受大量資訊，這些資訊若不能有效率的儲存於腦中，那將增加腦的負荷及有效的使用這些資訊的效率。而人的頭腦在睡眠時，會將所平日所學習得的資訊，進行整理、分類、儲存、重組與聯結，這等於是腦的自我知識有效重組及學習。因此，如果睡眠不足，破壞腦的自我學習，將致使腦的功能大打折扣。一個人可以幾天不吃飯甚至不喝水，但是不能幾天不睡覺。

要注意的是，睡眠中並不是每一個時段都在重組、分析白天的資訊，而只在某些時段中出現，若不了解睡眠的運作，可能無法善用睡眠的效果。人類睡眠分割成幾個接近重複的週期，每個週期約九十分鐘可分成成淺睡、深睡及快速動眼期等階段，而影響腦的效率重組的關鍵階段稱為快速動眼期（Rapid Eyes Movement REM），這個階段的睡眠如果欠缺，一個人的記憶、思考、分析及學習能力將衰減跌落。由於快速動眼期在每個週期中所佔的時間並不相同，乃是隨著進入新的週期而遞增，比如第一個週期大約只有7～8分鐘，到第四個週期就已達30分鐘。因此連續睡八個小時的REM，比睡兩個週期的四個小時的REM高兩倍。準此，若能調整自己睡眠習慣與時間，發揮睡眠的巨大功能，一定會增加學習效果。相反的，熬夜犧牲睡眠來讀書，是最不聰明的學習方法。

四、結語

有著健康的身體，除了體能強健外，也會增強意志力、容錯力及戰勝心等。在創新社會中，要有「治未病」的認知。瞭解不少疾病的發生是因為平常錯誤的飲食、運動及睡眠的系統所造成的。

其次，健康不只是考量身體的健康，也要考量頭腦的健康。建立正確的飲食、運動及睡眠系統，不僅有助於身體的健康，亦有助於頭腦的健康。這可說是一舉兩得！

第7章 退休5.0：推動適齡退休機制

本章雖然名為退休5.0，其實本章的精神是除非必要，不該退休。首先，探討人類何時開始有退休制度。其次，討論台灣荒謬的退休制度。接著，討論建立新的退休制度。最後，介紹人生契約的概念。

退休制度及退休觀念何時產生？

我跟真理大學陳奇銘院長、羅吉榜教授、方宗鑫教授及德明科大周勝年教授討論退休制度。

陳奇銘院長問：「你準備何時退休？」

我回答陳院長說：「我沒有退休的觀念。我會做到我做不動，那就自然要休息囉！想想，還做得動為何要退休？這不是浪費生命嗎？」

羅吉榜教授說：「法律不是有規定幾歲退休嗎？」

我回答：「法律有規定幾歲可以結婚，但是，一定要結婚嗎？法律規定是死的，人的思維是活的。沒錯，根據目前的法律，我65歲要退休。可是，聯合國都宣告65歲還是壯年。我還是可以做很多事啊，為什麼要浪費我的人生？

再者，退休制度是工業社會才開始普遍建立的，也就是說，目前的退休法令，是工業社會的產物。人類演化了７００萬年，工業社會至今約２００年，也就是說，我們６９９萬９千８百年的祖先，不知道什麼叫做退休。祖先們幾乎都是做到不能做事為止。人類進入工業社會後，出現重大生活變革。農業社會以土地為主的經濟生活方式改變。企業、工廠出現，個人必須到企業或工廠上班，由於，上班到一定年齡後，企業需要新陳代謝，所以，出現了退休制度。

現代社會的退休制度，源自普魯士王國的首相奧托•馮•俾斯麥在１８８９年設計的。他最初的設計是，德國社會實行國家僱傭制度，雇員在70歲退休，由政府發放養老金直到去世，成為全世界工業國家退休制度的濫觴。１８８９年至今二百二十七年，人類史上第一個退休制度那時候才開始。」

方宗鑫教授說：「我明白你的意思了，退休制度不是必然要存在的，它是社會發展過程的產物。」

我回方教授：「沒錯！退休制度是工業社會的工作情況，所形成的社會需求。然而，當初制度的設計者，忽略了兩個要項：人口結構及平均壽命。退休制度要能永續發展，人口結構必須是金字塔，多數的人繳交稅金，來支付少數退休人士。德國在當年人口結構是金字塔，且平均壽命不到50歲。所以，70歲支付終身俸政府負擔得起。也由於平均壽命不到50歲，1916年，德國將退休年齡降到65歲。請注意，即使人口結構是金字塔，平均壽命不到50歲，領終身俸都要65歲。這個終身退休俸精神就是『已經做不動了』。」

在此情況下，建立一個支領退休金的制度，讓一個人得以「安養餘年」。因為「已經做不動了」。所以，在年齡上，支領月退俸的年齡要接近平均壽命。其次，因為功能是「安養餘年」。其次，在支領的金額上，由於其功能是「安養餘年」，支付最高金額應該有所限制，也就是應該有「天花板」。亦即超過一定的額度就該停住。比如說，五萬元。

這個工業社會創立的「退休制度」，經過兩百多年的「時間移民」。現在的社會，人口結構已經慢慢成為「倒金字塔」，平均壽命在台灣已達80歲。工業社會的退休制度，到了創新社會已經不適用，要進行大幅度的修改，要不然，破產是遲早要發生的。原來工業社會設計的60～65歲退休，是平均壽命約65歲時的產物。這符合終身退休俸「已經做不動了」安養餘年的精神。

然而，現在平均壽命達80歲。再加上少子化形成「倒金字塔」的人口結構。我們卻還在延用工業社會的退休制度。工業社會初期的出生率仍大於2.5，人口結構是金字塔。再者，當時的平均壽命約65歲。在此情況下，是多數的青壯年養少數的退休人口。這樣的退休制度是可以順利運作的。可是現在出生率低於1，人口結構變成倒金字塔。請看，1950年代出生每年約四十多萬，現在每年約十多萬，少數人繳稅如何撫養多數人？再者，60歲退休，領到80歲，當然是社會沉重的負擔。再不改革，將造成下一代無可承受的巨大支出，當負擔不了時，退休基金自然破產。是以，要建立永續的制度，在第五波的社會中，需要有新的觀念。

台灣荒謬的退休制度——莫當「啃小族」

我們從退休制度的兩大要項：人口結構及平均壽命及終身俸的精神「安養餘年」，來探討台灣的退休制度。在此，以公務人員退休條例為例。

一個基金要不破產就必須維持收入大於支出，這是最基本的數學。也就是說，當一個基金長期支出大於收入，必然破產。台灣公務人員退休條例的訂定就是保證破產的荒謬條例。

朋友問：「為什麼會制訂這種法律？難道立法委員及政府官員都沒有用心把關嗎？」

我跟朋友說：「他們不用心，造成我們痛心。先看條例的收入。基金投資收益，以收支平衡為原則。也就是說，基金賺多少，收入多少，就支出多少退休給付。」

基金來源在基金收入條款訂定由公務員每個月支付35%，政府相對支付65%，繳交入退撫基金。退休時，根據所繳的金額，政府進行基金投資操作。條文明定，如果收入低於台灣銀行三年定存利率，則政府支付之。這條文保證收入不低於台灣銀行三年定存，目前是2％。這就是說，最低有2％的收入，如果投資失利。最高呢？如果投資大賺，當然收入大增，退休者就可以分紅更多。但是，根據多年來的投資經驗，投資報酬率不超過4％。也就是說，如果支付超過4％，基金就會入不敷出。

準此，根據收支平衡原則，支付條款應該以收入多少來進行支付。也就是說，基金操作得好，獲利多，就多支付。如果操作不當，獲利少，就少支付。

周勝年：「這是天經地義的事啊！」

回曰：「完全不是那麼一回事。退休支付條款，跟基金收入多寡，一點關係也沒有。也就是說：即使基金操作賠錢，每個月還是領一樣的退休金。」

周勝年再問：「怎麼可能？你別開玩笑了。」

我則回答：「不是我跟你開玩笑，是政府及立法委員跟我們開玩笑，而且是荒謬的玩笑。」

首先，我們來看公務人員繳交的退輔基金款項。每個月繳交費用佔退輔基金的35％，政府則付65％。以一個月繳交4458元的公務人員為例。政府要付給退輔基金8279元。因此，退輔基金每個月進帳：

4458＋8279＝12737

一年則進帳：

12737×12＝152844

假設該公務員工作三十年退休，則退休基金進帳4585320。這筆退休金如果一次領出，放在銀行以1.3％利息算，一年可領59609。如果以退輔基金管理條例規定獲利不得低於三年平均定存3％，不足政府支付。以3％計算，則一年可領137560。也就是說，退輔基金運作如果獲利3％，那可以支付這位公務員一年是137500元。

接著，我們來看退輔基金實際上支付這位公務員多少款項。退輔基金支付是根據公務人員退休法第九條：「月退休金，以在職同等級人員之本（年功）俸加一倍為基數內涵，每任職一年，照基數內涵百分之二給與，最高三十五年，給與百分之七十為限。未滿一年者，每一個月照基數內涵六百分之一給與。未滿一個月者，以一個月計。」

計算方式是根據退休時的薪資年功俸給付。退休薪資高，退休給付就高。甲工作30年退休，年功俸是53075，退休基數是年功俸的兩倍：

53075×2＝106150

其百分之二就是2123。在乘以年資30年。每個月可領63690元。一年可領764280元。這就是問題的核心，不管退輔基金賺錢或是賠錢，退輔基金要支付764280元。

方宗鑫：「真的耶！收入條款跟支出條款完全不相關，這是什麼樣的法律？然而，問題是，交的少，領的多，為什麼還沒破產？」

我回說：「問得好。退輔基金管理條例明訂以收支平衡原則。退輔基金運作如果獲利3％，那可以支付這位公務員一年是137560元。可是，退輔基金要支付764280元。那不足的差額636720元，是從那裡拿來的？這就是問題，就是從下一代還在繳交的退休提撥費用中拿出來的。」

這是一個嚴重且荒謬的錯誤制度設計。你買基金盈虧自負，跟其他跟銀行買基金的人是無關的。可是退輔基金制度卻是，大家的錢都放在整個基金中，是以，退休的人在溢領正在繳交退休費用的年青人的錢。所以，我才會提出「啃小族」這名詞。「啃老族」是不工作啃自己的父母親。「啃小族」則是在這個荒謬的制度下，領的退休金是年輕人繳交的退撫基金。將來破產，年輕人領不到退休給付，就是被上一代領走了。「啃老族」啃得可是自己的父母親，「啃小族」啃的可是連別人的孩子都啃了。

陳奇銘院長再問：「那退輔基金有沒有可能獲利良好的情況呢？如果獲利良好，足以支付月退休金，不就達成收支平衡？」

回曰：「問的好。這就要回到專業的經營分析。投資理財買基金，一定會思考獲利約多少％？我們來看，退輔基金每個月付給甲先生幾％？764280跟本金4585320是16.6％。也就是說，根據收支平衡原則，退輔基金每年獲利要達16.6％，才能支付，否則就是拿下一代正在繳交的費用支付。」

羅吉榜教授說：「難怪你會說這是荒謬的設計。連世界一流的投資理財公司都不敢保證獲利會如此高。難怪政府會說退輔基金會破產。」

建立新的退休制度

為了解決此一問題，台灣朝野各黨派都在想解決方案。毛治國擔任行政院長時表示，將調整制度從「屆齡退休」成「適齡退休」。

朋友問我：「何謂『適齡退休』，為什麼會這樣調整？」

我告訴朋友說：「『適齡退休』就是接近『安養餘年』的年齡。教授未來學多年，持續呼籲社會及政治人物，少子化是國家層級的大海嘯，若不審慎處理，將會將國家吞沒在大海嘯中。就如同十多年前就呼籲教育部不該再開放設立大學了，因為大學過多，將造成大學倒閉，及流浪教授及職員工。」

羅吉榜：「為什麼你多年前就知道大學未來會倒？」

我回羅吉榜：「就是運用大數據（Big Data）中的資料探勘（Data Mining）。試想，今年要入大學的大學生，幾年前就出生了？18年前。也就是說18年前教育部手上就有未來學生的數量。這些學生數量能維持幾個大學繼續經營，還不容易算出來嗎？」

同樣的，亦可運用資料探勘分析少子化。少子化海嘯的影響是全面性的，如國家的財政、稅收、醫療、教育、就業、公共建設及社會福利都將遭到前所未有的衝擊。如不及早審慎因應，國家的未來堪虞。十多年前經建會早已公佈，我國人口如果持續萎縮，預計民國195年，台灣人口將只剩下８００萬人。請想向臺灣人口從２３００萬人到８００萬人對社會造成的影響，馬上可以理解人口結構是倒金字塔。從人口結構快速成為倒金字塔形狀來看，許多退休福利保險制度將會崩解。這也是為什麼退休基金已出現赤字的原因。

國家研究院日昨指出，台灣人口結構快速老化，老化速度「超英趕美」成為「世界第一」。十年後的民國114年，台灣將邁入「超高齡社會」，亦即每五個人就有一位65歲以上的長者。根據台灣的《老人福利法》對於「老人」的定義，是為年滿六十五歲之人。內政部人口政策委員會推估，民國120年左右，當人口成長漸趨向零成長時，則由目前七個青壯人口扶養一個老年人口降至約三個青壯人口，即須扶養一個老年人口，扶養比重大幅提昇，屆時將造成社會嚴重負擔。以家庭為例，以往是多個小孩輔養父母。

現在，在出生率低於1的情況下，再加上平均壽命延長。如果一對夫妻各自的父母退休，一對夫妻要養四個長輩還要養育小孩。將是超沉重的負擔，將這種負擔加諸在下一代身上，對下一代是不公平的。

在繼有的退休制度下，15～64歲的工作人口每年減少情況嚴重，將衝擊國家競爭力及經濟發展。解決問題的方法之一就是延緩退休年齡。延緩退休有兩種情況，一種是在原來的公司或組織繼續工作，另一種是更換工作，不管屬於那一種，其精神就是繼續工作，也就是「能做得動就做」的精神。

現在台灣社平均壽命男性78女性82。採用工業社會的55～60歲退休。再加上少子化，等於是一個社會要撫養的人眾多，交稅的人少，國家財政無法承擔。許多先進國家都已將退休延至70～75歲。丹麥則是以平均壽命的增加，自動調整延後退休年齡。應重新定義老年，個人在十年前就提出75歲才可稱為老年。想想，如果75歲才算老人，那將立刻增加65～75歲的工作人力。

2015年聯合國世界衛生組織WHO，也將年齡劃分訂為5階段，0到17歲未成年，青年人則大幅拉長到18到65歲，中年介於66到79歲，80歲以上99歲才算老年人，甚至還多訂定了，100歲以上的長壽老人階層。根據這個標準，那將增加工作人力資源到79歲。

前行政院長毛治國於民國104年提出的「適齡退休」就是到達了生理上該退休的年齡。沒錯，還精力充沛的退休人士不加入工作行列，當然可專職或兼職，讓年輕族群苦撐社會支出，那將壓垮年輕族群。我在《章魚工作成功術》一書中早就提出「適齡退休」的概念。指出，退休的年齡應該隨著人類增長的壽命而調整，可訂在平均壽命前5年。個人努力收入夠多要多早退休是個人的選擇。如果要靠退休制度安養餘年，那就應該依循正確的退休制度。在一個錯誤的制度上，坐領高退休金，那是不正確地行為。

簽訂自己的人生契約

在「能做得動就做」的精神下，讓每個人工作到接近人生的終點站前3～5年。這符合退休精神，即如同工業社會平均壽命65歲時，60歲可以退休。這樣一來，有兩個優點。其一，增加工作就業人口，以彌補就業人力的不足。其二，自己可以養活自己，不要造成子女及社會的負擔。只要工作到人生終點3～5年，退休時所存的儲蓄，夠瀟灑的渡過剩下的日子。其三，不浪費人力資源。

以我為例，我已可以從國立大學辦理退休。但是，我的體能狀況還不錯，知識與經驗已累積到相當程度。我如果選擇退休後，就天天沒事休閒，那對自己與社會都是浪費。我的選擇是，持續工作，即使到了65歲退休。退休後，繼續找社會需要的工作，接著，學習工作所需要的能力，然後，投入該工作，開創新的人生價值。

陳奇銘：「你提出『人生契約』的概念，什麼是『人生契約』？」

回曰：「我在教授『生死學』時，就指出『生前契約』的意涵，就是身後事要自己負責，不要再如同農業社會交給下一代負責。『人生契約』則更進一步，不止身後事的『生前契約』由自己負責，成年後，生命中的各階段，包括退休後的生活費用都應該自己負責。想想看，一個人如果生命中的每個階段都能自己承擔，自然不會造成社會負擔。我常跟學生說：生命是自己的，畢業後當然要簽好自己的『人生契約』，為自己的人生負責。要為自己的生活負責必需要有工作收入，然而，由於社會變遷快速，持續的學習新知，以維持競爭力。學習效率的良窳，會影響學習成效當然會影響競爭力。準此，善用學習5.0將影響簽『人生契約』的能力。

運用所學及學習5.0繼續學習新領域，並善加利用發揮所學。這產生五個效果：

- 增加自己的競爭力
- 開發腦力維持青春與健康
- 增加就業人口
- 繼續擁有收入，自己養活自己
- 減少子女與社會負擔。

由於持續學習各種新知識，現在同時有三個工作相輔相乘。首先，擔任教授，進行教學、研究及服務。其次，在教學研究方面，每年出書，亦是作家。服務方面，每年到各級學校及機關演講，也是講師。這三個工作的收入，除了讓我得以簽好「人生契約」外，還每年捐助弱勢需要的人。人口已成倒金字塔，老年人如果不能自己自足，那將拖垮下一代，成為「啃小族」。這對他們是不公平的。

結語

一個社會要能安定與永續發展，就必需要有健全的永續發展制度。建立在沙灘上的大樓是一定會傾倒的。同樣的，老鼠會的給付方式也是一定會倒的，現在的退休基金給付方式就是老鼠會。也因此，早倒，晚倒，一定會倒。連政府都將何時倒的時間列出來了：軍人退撫基金即將於108年破產；公校教師退撫基金於117年；勞保基金於116年；公教人員退撫基金於119年也將相繼破產。

第五波，在制度上，即早修正退休制度，在人生觀上，建立新的人生態度，簽自己的「人生契約」，不要當「啃小族」，共同努力來建立一個永續發展的社會制度。

第8章 生命5.0：選擇自己的「生命意義」

當企業發現員工有工作倦怠症後，會邀請我演講「樂在工作」。演講時，我問聽眾：「在座有周一症候群的請舉手。」

有的會問：「什麼是周一症候群？」

回曰：「就是周日下午開始，因為覺得明天就要上班了，開始出現不舒服的感覺。」此時，大約有三分之一會舉手。

有的會說：「我不是周一症候群，我是『周一二三四症候群』。」

我又再問：「周一症候群發作時會分泌去甲腎上腺素，會傷害人體健康。這樣對自己好不好？」

來賓皆回答不好。

於是我再問：「不好的話，一個月要發生幾次？答案四次或五次，這可是很高的數目。

再想想，誰造成你周一症候群的？」

來賓回答：「好像是我們自己。」

我繼續告訴來賓：「沒錯，就是自己造成的。因為覺得待在家中是溫馨甜蜜，而上班的地方是辛苦的。請問，為什麼家裡能維持溫馨甜蜜？」

有的回答，家裡自由自在；有的回答，家裡家人溫馨相處。

回說：「你們沒有正確回答我問題，為什麼家裡能『維持』溫馨甜蜜？重點在『維持』」

有人會說：「我知道了，你在暗示，我們能『維持』家庭溫馨甜蜜，是因為我們有工作，每個月都可以領薪水回家。」

回說：「完全正確，從這個角度看，『工作』是家庭溫馨甜蜜的泉源。」

這就是對「工作」的認知，「工作」的認知可以是辛苦的是很累人的，也可以是家庭溫馨甜蜜的泉源。近年來，有些大學關門有些大學裁員，上千個教授被停聘。失去了「工作」家庭是愁雲慘霧。很清楚的，工作的認知會影響工作的態度。我們將工作的認知分為三類：1.生存。2.生活。3.生命。

生存——再富也要窮小孩

人類是生物的一支。生物的生存型態就是生存及傳終接代。無論是獅子掠食或蝴蝶採花粉或是螞蟻的工蟻搬運食物，這些工作都是為了生存及繁衍下一代。在地球的生物史上，周而復始的進行循環。蜜蜂、螞蟻及在野地的動物，其生活方式跟億萬年前的祖先一樣。

人類呢？人類演化了約七百萬年，然而，在農業社會之前，人類跟動物的差距不大。存在的目的就是生存及傳宗接代。也類似生物，一代接一代重複同樣的生存方式。我在講課時，常跟學生說，「生存」是動物的本能，所以，你們要問自己，要培養什麼樣的能力，畢業後，才能獨立的「生存」。否則，就比動物還不如。當然，一個人如果連維持生存都無法達成，自然成為社會負擔。因為，要維持生存這基本需求，就要有收入。對一般人而言，收入來自於工作，工作收入來自於本身能力，工作能力的收入不能滿足需求，就需要借貸，那成為社會負擔。社會負擔是指廣義的如向朋友、家庭或社會借貸。我常跟同學說，人類是萬物之靈，除非你發生特別情況，如果你連自己都不能養活自己要靠別人生存，那你比靠自己生存生物還不如。

簡言之，一個人的生存狀態可以簡單的分成以下兩種型態：

1. **生存自主**：收入（能力）≥ 需求
2. **社會負擔**：收入（能力）< 需求

德國的父母大多有這樣的認知，「再富也要窮小孩」。也就是說，父母是家財萬貫的富翁，也不會隨便給小孩子錢。父母只給小孩最低的基本生活費用，高中畢業後，就要靠自己打拼。德國父母要小孩認知，每個人應該靠自己具備生存能力，不是靠父母生存。台灣的朋友移民到德國，朋友跟德國的小孩說，你父母很有錢，你將來的生活可以高枕無憂了。德國小孩用很奇怪的眼光看著告訴他，我父母有錢是他們的事，與我未來的生活何干？德國的小孩對父母財富認知是，父母有錢是他們努力得來，我要過跟父母一樣的生活，就要靠自己努力。

生活

有一次機緣，跟北門扶輪社前社長李廟燈聊人生哲學，廟燈問：「『生存』跟『生活』的差別在哪呢？」

回曰：「動物就是求生存，人類在進入農業社會後，由於『生存』能力提升，加上人類具有其他物種沒有的『腦力』，開始締造了第一波的文明。以食衣住行為例。飲食開始注重烹調，衣服則有棉紗，住則從茅屋到磚瓦，行則有馬匹或車輛。從生存進入講究生活品質。人類是地球唯一的物種，從生存提升到生活的。家中寵物則也是因為人類而改變了生活型態。」

人類的文明讓人類從「生存」提升到「生活」的層次。比如，吃東西在「生存」層次是攝取熱量延續生命。然而在「生活」層次是美食的享受。以台北為例，一個月兩萬二千可能達到「生存」，但是，要滿足「生活」層次，就要看個人的需求度了。如果偶爾打打牙祭，穿的整潔體面即可，那一個月五萬ＯＫ。如果要買名牌包或是吃高檔美食，那一個月收入要十萬以上。

我常說，想過什麼樣的生活，就需要什麼樣的薪水，要有什麼樣的薪水，就需要什麼樣的工作，要有什麼樣的工作，就需要什麼樣的能力。在生活方式方面，每個人的生活方式不同。有些人收入很高，但是，生活的需求很低。身上有足夠的存款，妥善的規劃人生。這是「生存自主」類型。有些人是「月光族」，賺多少花多少。有些人則是賺得少，卻花得多，如「卡奴」，變成家庭及社會負擔。這是「社會負擔」類型。

生命5.0開發自己，回饋社會

為什麼同樣的工作或收入，每個人的工作態度、生活方式不一樣呢？這就進入「生命」層次，因為，每個人的生命意義不同。以學醫術為例。有些人進醫學院是為了能多賺錢，提高生活品質。史懷哲學醫生則是為了到偏遠缺乏醫療的地區醫治病患。史懷哲的「生命意義」，是醫治落後地區需要的患者，就好像馬偕醫師來台灣一樣。他們不重視「生活」要花多少錢，只求能簡單的「生存」。然後，將生活中的工作就是盡力行醫濟世。

有些人的生命意義是享受人生，那就是努力賺錢，盡情享受物質生活。享受人生可分兩類，一類會「量入為出」，享受的多少在收入的範圍內。另一類則是，享受至上，花了再說，於是一段時間下來，負債累累。那就是上述的第二種情況，成為社會負擔。

廟燈問：「那為什麼會產生不同的人生觀呢？」

我回答廟燈說：「每個人都會有『需求』。」

「需求」乃源自於人生的欲望，人在一生中欲望相當多，也造成各種「需求」。基本分類可分：物質需求與心靈需求。物質需求指的是對物質的需求。心靈的需求則如親情，愛情等。

馬斯洛提出「需求層級理論」（Hierarchy of Needs Theory）。從生理的需求（溫飽）、安全的需求（人身安全、生存保障）、社會需求（愛與隸屬、被他人接納）、自尊需求（受肯定、尊重）到自我實現需求（實現夢想）。馬斯洛的理論的基礎是從生理的心理，對形而下到形而上。準此，他從最必需的基本溫飽需求到形而上的自我肯定來分類。也就是說，層級理論認為低層次需求要先滿足，才會往上次層需求移動。馬斯洛需求分類的內容，在人類的需求上是相當完整的。

但是，由下往上層次移動的理論並不完全符合事實。比如，有些父母寧可自己挨餓受凍，卻要讓小孩能夠溫飽。（父母親對小孩愛的需求高於自己的生理需求）。許多傳教士不顧生命安危，深入蠻荒野外，經常三餐不繼，卻熱心傳道並醫治病人（愛的需求高於生理及安全的需求）。有人很有成就，自我實現良好，然而，家庭不和諧，沒有愛的感覺。這說明了不同階層的需求，不必定是由下而上一層不變的。然而，如果不是依層次來選擇需求，那選擇需求的優先順序是怎麼決定的？

☑ 莊淇銘需求層次理論

於此，提出「需求層次理論」。首先，介紹「需求價值」觀念。「需求價值」是指每個人對該需求的個人價值。馬斯洛的需求層次理論是認為這五種需求，是由下而上的。我提出的理論是，其優先順序是由個人決定的。由個人認知的「需求價值」來決定。比如，傳教士認為「自我肯定價值」及「愛的價值」高於「安全及溫飽價值」。所以選擇了犧牲「安全及生理需求」。

二次世界大戰期間，美國軍人在日本集中營是另一個例子。日本將戰俘送往集中營後，只要發現較有知名度的戰俘，就會要求其錄音向美國廣播，廣播的內容當然會詆毀美國，中傷美軍，想藉此打擊美國士氣。這時候，接受的人可以離開集中營，過著正常人的生活，享受美食，及生活娛樂。跟集中營比，可說是非常「舒適生活」。相反的，不接受的人則遣回集中營，遭受毆打，暴力及各種嚴厲的迫害，幾乎是「煉獄生活」。事實告訴我們，有些人選擇了「舒適生活」，有些人則選擇「煉獄生活」。不同的選擇，就是來自不同的「需求價值」。

每個人對同樣的「需求」，有著不同的「需求價值」。俗話說：「魚與熊掌不可兼得」。選魚還是選熊掌，那就看個人認為魚或熊掌的「需求價值」高。保育環保人士對熊掌的「需求價值」，不但沒有，更是深惡痛絕的負面價值。這與我們文化上認定的熊掌價值高有所差異。需求價值取決於人生價值，人生價值取決於生命意義。

朱熹曾說過：「志在利則行學在利，志在義則所行在義」。這個「志」就是人生的價值。耶穌基督的生命意義是「愛」，人生的價值是「愛世人」。所以，為拯救世人上十字架而無怨無悔。蘇格拉底生命的意義是「真理」，人生的價值是「追求真理、捍衛真理」。因此，當入獄後獄卒因為尊敬他的偉大想放他走時，他說：「寧願守法而死，不願違法而生」。耶穌基督及蘇格拉底都為了人生價值而放棄了生命。

當然，也放棄了生理與安全的需求。因為，他們的「人生價值」遠高於對生理及安全的「需求價值」。在印度，苦行僧對生理溫飽的需求相當低，甚至以降低溫飽需求來訓練自己。對苦行僧而言，他們對生理溫飽的「需求價值」相當低。這些例子證明了馬斯洛提出的五種需求並不一定有其由下而上的階層性質。「需求價值層次理論」指出，這五種需求的選擇順序，因個人的「需求價值」不同而有所不同的順序。

生理需求基本上是物質生活，對物質生活的「需求價質」越高的人，在生活上的開銷及花費就越高。許多「卡奴」或是「月光族」就是將所得花在物質生活上。也由於物質生活需求價質過高，造成「入不敷出」，生活的安全感反而降低。有些更嚴重的甚至為了跟父母親要錢未遂，而毆打父母親，或是買假保險而傷害父母親詐領保險金。

(1) 雙求理論

一個社會如果每個人的生命意義越高，能力越強，自然對社會的發展越好。哥倫布發現新大陸，對歐洲產生了巨大的貢獻，驅策哥倫布願意冒生命危險去尋找新大陸就是其生命中自我實現層次。在此提出「雙求理論」。其基本精神是，要求自己的生命層次及各項能力越高越好，也就是「要求要高」。其次，「需求要低」，個人的需求，越低越好。當「層次」及「能力」越來越高時，產生三個現象。其一，社會會朝更正向的方向發展。其二，不會成為社會負擔。其三，可以為社會做更多的事，因為，收入減掉需求的淨值會越來越多。

以我自己為例。我對自己的要求頗高，每年要學習新知識，新專長，持續提升競爭力。我的需求相當低。比如，在食方面，吃的飽就好。在衣方面，只要可以穿，穿得舒服就好，我的衣服大多穿超過10年以上。在穿鞋方面，鞋子對我而言，也是可以穿就好。經常要穿到鞋子破底，還繼續穿。直到下雨天覺得腳底溼溼的，才去附近的鞋店買鞋。也因此，不少襪子有破洞。有一次，參加宜蘭大學校長的就職典禮。典禮結束後，大家一起去參觀校長宿舍。由於我比較慢到，進門後，已經沒有拖鞋。我穿著有洞的襪子進去，不少人看了很驚訝，我說，我在教未來學，你們的襪子都不透氣，對腳不健康。這是最先進的透氣襪。當場很多人很佩服我的前瞻作為，還問我在那裡可以買到。有人當天將我的透氣襪拍下來，隔天還上網宣傳透氣襪。在行方面，我的生活是BMW。Bus、MRT及Walking，這在健康5.0的章節有詳述。

高要求自己會提升生命層次，一個社會如果層次越高，如以愛助人為其生命層次，如陳樹菊或10元便當的高雄阿嬤，那這個社會當然更溫暖。如果一個社會追求的是財富，世間上的窮和富都用金錢來衡量，「有錢為富者，無錢就是貧窮」金錢、財富、名牌、豪宅、特權成為崇尚的標的。阿帕契直昇機案就是炫富炫特權例子之一。一個社會大多數人志在「利」，造成功利盛行，會影響社會正向發展。文化水準高的社會，多會追求高層次的人生意涵。

(2) 行行出狀元

我曾經被徵詢擔任副縣長、副市長及入閣擔任閣員，由於自己的生涯規劃，都沒有接任公職。

有朋友問：「升官是好事，為何不去？」回朋友：「由於長久以來『學而優則仕』的觀念，所以『入閣』好像是當官高升，『下台』好像被貶謫。其實，行行出狀元，各行各界與政治界是平行的地位，無所謂高低之分。然而，因為我國過度以政治掛帥，造成官大學問大的怪異現象，君不見，只要當選立委，就可以上Call-in節目談任何議題，成了各行各業的專家，這已違背專業精神。其實，諸多行業在其領域中的發展，其對國家的影響絕不比政治領域低。以資訊產業為例，台積電、聯電等資訊電子產業，其經營的良窳在在影響著國家的經濟。再以文學界為例，英國哈利波特的作者羅琳為例，她創造的哈利波特為個人及英國賺進巨額的財富，現在在英國的財富超越英國女皇。再談到知識界，哲學家們經常提及的兩位歷史知名人士，一位是亞里斯多德，另一位則是亞歷山大大帝，而亞里斯多德是亞歷山大的老師。誇讚他們師徒二人，在那個時代，一個統領了哲學領域，成為哲學王國的皇帝，一個統領了政治，成為政治王國的皇帝。亞里斯多德並沒有在亞歷山大的政府中『入閣』，但其哲學王國的地位，至今仍影響世人。亞歷山大在南征北討建立帝國時，曾寫信給亞里斯多德說：『老師，我內心比較喜歡當亞里斯多德，甚於當亞歷山大。因為，再大的政治王國有著空間及時間的限制，然而，知識王國則沒有時空的限制，其對社會的影響是深遠無邊的。』」

我經常以此例子，跟朋友說：在各行各業的知識或技能的王國中都有著無限寬廣的高位，這些位子的重要性不比政治王國的內閣低，更值得讓大家去爭取。試想，蘇格拉底、柏拉圖、孔子、牛頓、瓦特、愛因斯坦，萊特兄弟等至今可說仍是家喻戶曉，然而有人知他們時代的皇帝或是總統是誰嗎？又有人記得那時候的內閣大臣是誰嗎？準此，任何一個人在其領域只要好好發揮，其成就不見得亞於入閣。

在台灣，吳寶春建立在麵包王國的地位；在美國，吳季剛，則建立了服裝設計王國的地位。川味麵典餐廳就是一個例子。老闆兼師傅的陳有年，從小熱愛廚藝。就讀高雄餐旅大學，而後，北上自己籌錢，自己開業。父母從不贊成道去他店裡幫忙服務，現在，打響了名號，父母引以為傲。陳有年的牛肉麵及夫妻肺片等四川小吃，連美食大師胡天蘭都曾在專欄推薦。我曾邀過國中小校長去店裡品嘗，大多的回應是「味道太棒，一定要再回來享受這美味！」。雖然有知名的五星級飯店邀他去當主廚，陳有年選擇自己開店。因為，自己開店可以完全自由開發新的菜色與餐點，他立志要成為牛肉麵達人。高雄教育廣播電台主持人蕭靜雯是另一個例子。她考上國立大學博士班，但是，因為熱愛教育廣播的工作，放棄了學位。他主持的節目入圍過金鐘獎，擁有廣大的粉絲群聽眾。台灣大車隊的崛起也是另一個例子。林村田董事長接掌台灣大車隊後，改變制度，突破傳統，重新營造了大車隊形象。讓台灣大車隊的司機們受到社會的信任，現在已成為台灣最大的車隊。挾著共享經濟的Uber進台灣後，林村田大聲疾呼，要政府妥善管理。當政府處理效率不彰時，他還喊出「要讓台灣當科技界的奴隸嗎？」

由於覺得政府處理Uber的態度消極，造成台灣計程車司機的權益受損，林村田於2016年7月11日帶領千名司機走上街頭抗議。林村田表示，抗議絕非我們的目的，而是對政府無能發聲，爭公道，求生存！請政府確實依法行政，請給我們執法必嚴、違法必究的法治政府！我們的怒吼並非我們畏懼改變，而是懇請政府給我們一個公平競爭的遊戲規則，請別讓八萬餘個小黃家庭因為政府失能而陷入生活困頓！共享經濟是需要建構在供給面不足或有缺失時，而台灣的計程車已在政府的總量管制範圍限制數量，Uber不是共乘，它減少了一方的閒置資源，但間接讓計程車司機的資源閒置。而乘客所付的車資，全部直接付到海外，政府收不到Uber公司的營業稅。林村田的大聲疾呼，政府應該提出解決方案！

此外，擁有碩士學歷，選擇投入經營綠加利的吳承達、李孟娟、唐偉倫、伍張甯、歐欽雄、張春芳、黃郁茗、蔡思旻及柯婕萏、也都有相當亮麗的成績。同樣的，投入經營國璽幹細胞的林婕絲、張鈺涵、吳翎慈、林錫龍、胡博寓及胡喆睿等，也都有頗豐的收入，也都在工作中成長。經營奇瓦納的陳玉玲及謝元長、佳珮也有頗優異的成績。是以，「萬般皆下品，唯有讀書高」，「學而優則仕」的農業社會系統應該

Delete了。是以，訂定生命目標，下定決心，全力以赴，各行各業，行行皆可成為狀元。

在此介紹另一個相當好的例子，就是參加此次奧運跆拳比賽的莊佳佳。莊佳佳的教練是師大運動競技系李佳融教授，由於訓練跆拳選手屢獲佳績，被中華跆拳學協會許安進理事長推薦擔任2016奧運跆拳總教練。

莊佳佳是師大運動競技學生，由於長期在國際表賽上表現優異，2016奧運就有機會代表台灣參加奧運跆拳賽。在最後一場高雄的奧運選拔賽，莊佳佳的老師李佳融認為他應該會過關。於是，包了兩部遊覽車，學校的教授及老師下去加油，同時安排了十桌的慶功宴。我也受邀，由於有其他行程，直接到慶功宴餐廳。午餐時間，就在準備要好好慶祝時，餐廳說十桌取消剩下一桌。因為，沒如預期的獲勝，失去了代表奧運的機會。慶功宴取消，對我而言，變成安慰餐會。

當李佳融教授帶著莊佳佳及父親莊訓輝落寞的進來餐廳時，我心想，從激勵生命的角度，要將安慰餐會變成激勵餐會。在餐會中，我舉了非常多馬前失蹄，後來東山在起的例子。我跟佳佳的父親說，往後只要有比賽，我能到一定到場加油，直到拿到下次奧運參賽權。由於同姓莊，我還跟莊訓輝認為拜把兄弟。一旁的系主任林德隆及現在的系主任石明宗，都說，我們也一樣！雖然有人私下跟我說，體能狀況最好的機會都流失了，過了四年，還有機會嗎？我堅定的說，不怕沒有機會，只怕沒有信心。我對李佳融，對莊佳佳有信心。

遇到挫敗，沒有喪志，那是不可能的。但是，努力與支持，會產生影響的。這就是我一直強調的落實生命意義時會產生巨大的力量。其實，在當時，莊佳佳已經得過世界冠軍，師大畢業後，生存及生活層次都沒問題。但是，在生命的層次，在突破自己挑戰自我的生命層次，李佳融及莊佳佳選擇「從那裏跌倒就從哪裡站起來。」莊佳佳在挫敗後，不僅沒有因而失去信心，反而越挫越勇，在幾次世界級的比賽中，連續擊敗世界好手，拿到兩次世界冠軍，直接拿到奧運比賽入場券。跌破了不少人的眼鏡。就在取得奧運參賽資格的慶祝餐會中，當初認為不可能的朋友跟我說：

「你為什麼當時這麼有信心？」

我說：「不是我對自己有信心，是我對佳融有信心，對莊佳佳有信心。」我更自信的說：「我對佳融教練帶領的奧運團隊有信心。在我內心中，生命本有無窮的可能，然而，這些無窮可能，有些是因為時勢，天上掉下來。有些是要靠自己去創造。天上掉下來的，即使得到，稍縱即逝。靠自己創造的，克服越困難，越挫折的，才能享受長久甜美的果食。李佳融跟莊佳佳就是典範之一。」

許安進跟我說：「真的，超乎很多人的意外！」

我反問安進理事長：「有超乎你的意外嗎？」

他笑笑的說：「有也不能說啊！」

☑ 取與還

有一次，我到美國大學的EMBA班演講，擔任經理的同學問我：

「你的人生意義是什麼？」

回曰：「我經常到各處演講，邀請我的單位會問演講費用要多少？我的回答是：『隨緣』。至於宗教跟慈善團體邀請，我的回答是：『不收費』。」

同學問我為什麼，

我則回同學：「我的生命哲學是『還』。我認為，我有幸到這個世界上，從出生到現在六十歲，從幼稚園、小學、、博士班，到進入社會工作後的各個機會，不知耗費使用了多少的物資及親友師長的關懷，這些都是『取』。我食衣住行的所有物資都是從地球取的，從地球的角度看就是『天生萬物以養民』。在地球人口突破七十億，全球糧食及各項資源開始不足的當下。我想，我們從地球從親友師長及社會取得那麼多東西，是不是該在生命中盡一分力量來『還』社會。」

同學說：「可不可以再深入一點？」

回同學：「聽過沙克博士的故事嗎？20世紀初期小兒痲痺病毒肆虐全球，僅在美國，就造成每年數萬人發生下肢殘障，最有名的例子為美國的第三十二任總統小羅斯福（F. D. Roosevelt）。1951年沙克博士培養小兒痲痺病毒，經甲醛處理去活化後，在猴子身上測試證實可以誘發抗體產生。為了證實注射在人身上的安全性，沙克首先以自己和妻子、孩子作為首批施打之對象獲得了公眾的信任。當時，有醫療企業要幫他申請專利，告訴他會得到鉅額的專利收入。然而，沙克拒絕申請專利。企業問他為什麼？他說：我知所以能發現這疫苗，是許多人及社會的功勞。如果我出生在五十年前，是不可能發現這疫苗的。因為，當時尚沒有今日的醫療科學、醫藥科學及實驗設備。我能在今日開發出疫苗主要是因為許多前人研發的醫學知識及社會的進步所造成的，為什麼是我獨享申請專利？沙克說：如果第一個發現太陽的人，要申請專利，那世界會變成如何？我今天能當到博士，有好的收入及實驗設備，主要也是社會進步提供了我機會，我現在生活已夠好了。我開發疫苗是要讓人類不要受小兒痲痺之苦，不是要賺錢。因他的寬闊胸襟，使小兒痲痺已漸漸從許多國家中減少甚至絕跡。」

有同學說說：「我了解了。沙克認為他的研發成就及生活品質來自於前人的努力及社會的進步。這就是『取』之於社會的觀念。所以，他將研發的沙克疫苗讓人們可以自由的使用，這就是『還』的觀念。」

還有個同學拍著頭說：「我以前也讀過沙克博士的故事，怎麼沒有悟出這個道理？」

我則回答：「再跟你說一個紀曉嵐的故事。紀曉嵐有次陪乾隆到一個佛寺。佛寺的大佛從任何角度看都是拈花微笑。乾隆問紀曉嵐：為何佛對我微笑。紀曉嵐回答：『佛見佛笑』，因為皇上乃文殊菩薩轉世，所以『佛見佛笑』。乾隆又問：那為什麼佛見你也微笑呢？紀曉嵐急智的回答：佛笑我雖然反應聰敏，但未達開悟成佛的境界。」

同學笑著說：「所以我以前尚未開悟？」

我說：「『悟』與不『悟』只有自己能覺『悟』。」

我從沙克博士及相關的知識中，領悟出「共生」的觀念。「取」與「還」就是「共生」觀念的內涵之一。「共生」的型態包括「時間共生」與「空間共生」。「時間共生」就是今日我們擁有的是許多前人的努力，以及今日我們消耗如果過地球的負荷，那我們是在掠奪下一代的生存資源。「空間共生」指的是地球村是共生的，一個國家二氧化氮排放過多，造成地球暖化，受災殃的是全世界。

站在「共生」的角度看，我覺得我生活在歷史上超幸運的時間，享受人類少有的安定與富足時段，從社會「取」得如此多的資源。是以，應該努力創造資源，將資源「還」給社會！任職教授時，有個僑生畢業要後到美國留學。由於錢不夠，跟我借了一筆錢，說好留學後找到工作還我。幾年後畢業找到工作，寫信來要還我錢，我回信說：不用了。我當時只是把我的資源「還」給社會中的你。你現在有能力了。希望你將這筆錢幫我繼續「還」給社會中需要的人。也因此，我衡量一個人的生命富有與否是這個人對社會的「取」與「還」。有些人光「取」不「還」。有些人多「取」少「還」。我尊敬的則是少「取」多「還」的。

知名的數學教師陳立是另一個難得的例子。台東縣自從學測實施二十一年來，只出過兩位滿級分學生。長期以來，這城鄉教育差距是教育部一直在關心卻力有未逮的問題。然而，在陳立的付出後，卻能在國際數學競賽中大放異彩，奪下九十面金牌。這些驚人的改變，就是陳立老師一個人的努力所造成的。

陳立教育機構在全台灣都看得到，由於教學成效優異，陳立教育機構獲利頗豐，對六十而耳順的人而言，應該要享清福了。可是，陳立問自己，能為社會做什麼？能為孩子做什麼？能「還」給社會什麼？

陳立於2010年開創「科學小菁英班」，免費為偏鄉地區小朋友上數學課。這些年來，只要每逢周六，陳立都會天還沒亮就起床搭第一班高鐵，從台北到高雄再往台東、屏東等地教小孩數學。他長途跋涉，超過兩千小時的付出，讓台東小朋友在奧林匹亞數學競賽中搶金奪銀，改變偏鄉學習落後的困境。陳立出版的《以愛翻轉生命的數學課》，更是道出他內心對教育的執著與熱誠。陳立的努力的成果，除了證明了一個人也可以改變很多事，也是另一個「還」的典範。

結語

人類號稱萬物之靈，那人類在那方面比動物高等呢？有一次，在聯合報UDN TV〈全球瞭望〉節目接受主持人郭崇倫先生訪問。當天探討瑞士公投提案：每個公民可以領取「無條件基本收入」，約每個月八萬元。郭崇倫先生說提案者覺得這是「基本人權」並詢問我的看法。

我回答：「請看Discovery或國家地理頻道，動物出生後沒多久就靠自己生存了。一個人，從小到畢業，接受了家庭及社會多少的照顧與資源，到了畢業，還要每個月跟社會領八萬，這比動物低等多了。」

權利與義務是一體的兩面。要享有權利就要盡義務。要享受健保，就要繳交健保費。要領薪水，就要工作。知名的口足畫家謝坤山，年輕因工作傷害，造成雙手殘廢，一隻眼睛失明。那時候，謝坤山心想，人生有一條路在等他，就是在夜市擺個碗公等救濟或是社會福利的殘障給付。這條路就是由社會照顧。然而，他選擇了自己的「生命意義」，那就是開創自己的能力與價值。後來，拜師於吳炫三門下，經過無數的挫折與磨練，終於成為知名的口足畫家。不但可以照顧家庭，還可以關懷社會。

一個人生命的意義，首先，會影響個人的生存型態是「生存自主」或是「社會負擔」。其次，也會影響「生活方式」。社會中，建立生命意義越高的人越多，這個社會的正向能量就越高。讓我們一起努力，提升自己及社會的生命意義與價值。

第9章

產銷5.0：去實體化的新型經濟模式

產銷5.0的內容是生產5.0及銷售5.0。人類的交易行為主要來自生產及銷售。人類每次移民到新的社會就會有新的生產及銷售方式。在一次的討論會中，跟王大鈞及羅吉榜教授談到「工業4.0」

羅吉榜教授問我：「為何稱工業4.0？」

回曰：「因為從工業社會的生產方式到了知識社會已經進入第四波的生產方式了。」

大鈞說：「那是不是應該稱為生產4.0？因為工業4.0好像停留在工業社會。」

回曰：「於吾心有戚戚焉！」

首先，介紹「生產鏈」。生產鏈指的是從原料取得到生產產品完成的整個過程。基本上是生產者取得原料，然後，經由生產方式完成產品。生產鏈包括了生產產品的企業及生產的員工。由於生產方式隨著社會的變遷，效率越來越高。也因此，生產鏈中的比原來數量少的工作人員，就能生產等量甚至超量的產品。在效率提高的同時，「實體」的工作人員就被機器設備「取代」了，稱為「去實體化」，這部分在去實體化——人類工作保障員額的部分會有詳細說明。

美國從農業社會進入工業社會後，由於機器設備的進步，生產在農業社會同樣數量的農產品，只需要原來5％的人力。於是，農業生產鏈中95％原來農村的工作人員被「去實體化」了。當農村不需要那麼多工作人口，人力遂湧入都市，在都市尋找新興的工作。當工業社會進入資訊社會後，結合了資訊科技，機器設備的生產效能再度提高，於是乎，又造成不需要那麼多的工作人員。以美國鋼鐵生產為例。1982～2002這20年間，美國鋼鐵的生產量從七千五百萬噸增加到一億兩千萬噸，增加了60％。結果，生產工人從二十八萬九千人減為七萬四千人。減少了近75％。75％的工作人員又被「去實體化」了。

朋友說：「照這個情況看，隨著社會的變遷，機器取代工人的趨勢正在成長。企業生產者的工作機會正在被企業資方的機器設備逐步取代。在工業社會的打字排版公司被電腦排版系統取代，打字排版公司又被『去實體化』了。」

我跟朋友說：「人類進入知識社會的第四波後，趨勢成長更快。第三波的生產模式中，企業移動的主要考量是人工成本。全球許多企業在第三波移到中國生產就是因為中國大陸的人工相對低廉。是以，當中國大陸的人工不再便宜，許多企業就會移到東南亞相對勞工低廉的國家。可是，進入第四波末期及第五波後，這種思維，將被兩樣新科技打破：機器人及3D列印。」

朋友說：「機器人早就有了，為什麼機器人以前沒有被考量？」

我回答朋友：「因為機器人的成本比一般工人的薪水高。但是，如果經過科技的進步，再加上全球工人的薪資提高，那只要到了機器人的成本低於一般工人時，那許多生產線就會用機器人取代人類了。機器人不像人類需要勞保、健保、育嬰、退休給付及各種管理。也因此，鴻海董事長也是中國富士康的執行長郭台銘曾就計畫未來在工廠內主要以機器人進行生產，準備要引進一百萬個機器人。

他開玩笑的說：他的集團在全球雇用了一百萬生產大軍。但是，一百萬人實在太難管理，很頭痛。其實，在商言商，最重要的還是『成本』。當機器人的成本低於勞工時，機器人將取代勞工。這就如同，當大陸勞工『成本』，低於台灣時，大陸勞工就取代台灣勞工。當東南亞勞工『成本』低於大陸時，東南亞勞工就取代大陸勞工。只是，在此情況下，工作的仍然是勞工。但是，一旦採用機器人工作，那就是生產線上很多工作人員被『去實體化』了。」

值得注意的是，在此一趨勢下，將促使機器人的需求增加，當需求增加，生產機器人的技術就會進步，機器人的成本就會下降，取代勞工的機率就越來越高。

朋友問：「那怎麼辦？這不會造成許多人要失業了嗎？」

我回答道：「所以，我上課時都一直跟學生說，在學校期間，一定要培養一般機器人不能取代的能力。」

3D列印是另一個革命性的生產方式，具有兩個特質：在地生產及客製化生產。在地生產打破了工業革命以來的生產方式。由工廠生產，再將產品運送到全球各地銷售。郭台銘的鴻海在全球各地的工廠生產，再將產品運送到全球各地銷售。這種生產方式由於生產的地點與銷售的地點不同，產生了運送行業的需求，於是，運送與販售的商家的商機就出現了。在工業社會，台灣經濟起飛時，就是「台灣製造，銷售全球」。一部部的貨櫃車，在高速公路上奔馳，將貨品運到港口或機場。這造成了路上運輸及海運、空運等蓬勃的發展，長榮海運的興起，正是掌握了這一波的趨勢。

3D列印就是一個在地的小工廠，在小工廠內完成生產鏈。需要的物品，在3D列印生產後，可以自己使用也可銷售。由於是在地，供地方使用，沒有長途運送的問題。現在已經有此情況的，如電子書。電子書不需要運送也不需要書店陳列。未來，假如要購買的東西，大部分在便利商店都可以3D列印。那運輸事業將會受到甚大的衝擊。未來，原來運送商品的運輸產業，將有部分會被「去實體化」。就如同，電子郵件越來越普及，郵局的郵件業務大幅降低，送郵件的相關業務人員也減少，因為被「去實體化」了。

台灣曾經是全球生產物品的中心，所以，很多全世界銷售的東西上面印著「Made In Taiwan」。後來，大陸成為全球的工廠，許多物品上面就印著「Made In China」。也就是，在大陸製造，然後，運送到全球各地銷售。未來，3D列印的產品不會標示產地，而會標示「Made By ProgramX」。

由於機器人及3D列印及生產銷售高度自動化，造成的產銷成本下降，企業會成為大贏家。然而，人類的工作機會將會越來越少。

朋友問：「那將導致失業率大幅提高，怎麼辦？」

我回朋友：「就如同當一個社會，女性相對弱勢時，會訂定婦女保障名額。」

未來，當人類的工作機會跟機器比相對弱勢時，立法訂定人類工作保障名額。這部分我們會在去實體化——人類工作保障員額的部分中討論。

銷售5.0

銷售鏈則是將企業將產品銷售到消費者的整個過程。傳統的方式是將產品從工廠運送到各地倉儲。然後，在運送到各個商品販售商店，而後，消費者載到商家購買。這就好像蘋果一出新手機。手機從工廠運送到全球各地倉儲，再運送到各商家。這銷售鏈包括了銷售企業，運輸事業，倉儲事業，行銷事業，銷售商家，金融事業。

首先打破傳統銷售的是電視購物。電視購物將商品直接在電視上展示販售，產品直接運送到消費者。於是，展示及販售的商家被取代了。電視購物，由於節目時間有限，能介紹購物的時間不長，也因此，無法販售太多類的物品。也因此，展示商家被電視取代的還是有限。

第二個衝擊傳統銷售的是網路購物。網路購物解決了電視購物的限制，沒有時間的限制，隨時可看貨品，且任何貨品皆可陳列。在此情況下，展示販賣商家被取的情況就大幅提高。我們可以從網路書店一家一家開後，實體書店一家家關門看出來，書籍銷售被「去實體化」了。

類似的情況也發生在金融證券業。當股市營業員的工作已逐漸被網路下單取代了。丹麥與北歐等五國規劃5年內廢除現金貨幣，將由手機支付全面取代。大陸每年來台灣花費約300億台幣。原本的交易需要人民幣兌換台幣。這匯兌費用是銀行的獲利來源，有了支付寶後，匯兌工作人員又被取代了。

再看3D列印，由於是在地生產，供地方使用，不需要大型倉儲，也沒有長途運送的問題。現在已經有此情況的，如電子書。電子書不需要運送也不需要書店陳列。未來，假如要購買的東西，大部分在便利商店都可以3D列印。那運輸事業將會受到甚大的衝擊。想想，如果大部分的消費品都在各地區3D列印生產，那原來運送商品的運輸產業，將有大部分會消失。就如同，電子郵件越來越普及，郵局的郵件業務大幅降低。

去實體化——人類工作保障員額

有一次跟機器人公司總經理邱耀華提到機器人也會加速「去實體化」。耀華說：「有聽過「去中介化」，什麼叫做『去實體化』？」

回曰：「『去中介化』是『去實體化』中的一種。『去中介化』的例子如，網路書店興起後，傳統的實體書店不少就關門了。『去中介化』的意涵是認為傳統書店是書商與購買者之間的中介，所以稱為『去中介化』。其實，網路書店也是書商與購買者之間的中介。只是不從實體書店購買，改成網路上購買，所以，我將此現象稱為『去實體化』。為什麼說這是『去實體化』的一種呢？因為，未來，越來越多行業，會因為『去實體化』被淘汰。」

以銀行為例。ATM開啟了「去實體化」的第一槍。ATM取代了不少前端的櫃檯收付業務員。接著，無人銀行出現，那就不只是前端櫃檯人員，基層主管也開始要被取代了。最近興起的Fintech（金融科技），則是對金融界造成「天搖地動」。光在台灣，金融事業工作人員，可能有幾十萬人會被取代。2015年歐洲十大銀行光下半年就裁員了13萬員工。這個數目比2013加2014裁員的總數還高，可見Fintch的巨大威力。專業機構估計，到了2020年美國會有四分之一的實體金融機構消失。

金融科技FinTech在第五波成為新興金融交易主流，沒有跟上時代潮流的企業與政府都會被淘汰。可惜的是，過去十多年來，台灣金管機構，停留在傳統的金融思維，讓第三方支付，遲遲未能發展。這個Fintech延擱，讓原本落後台灣的大陸金融業者，趕上並超前台灣，大大誤了台灣Fintech發展與競爭力。大陸阿里巴巴的支付寶，百度的百度錢包，騰訊的微信支付，都已有數億人口的使用者。餐館、醫院，甚至搭車及夜市攤販都可使用。有些省分的行動支付已超過整個交易支付額的五成以上。

「無紙幣」及「網路支付」的時代已經來臨，台灣卻自我設限，被舊社會的法規綁死。原本台灣的金融業競爭力及資訊科技技術超越大陸，如果掌握了金融科技的趨勢，可以締造新商機與競爭力。然而，由於政府及立法部門的顢頇，現在，大陸金融科技超越我們了。結果，我們的電子金融商務從領先到落後。

《Bank3.0：銀行轉型未來示》的作者金恩（Brett King）在書上指出「法規保護，是不能阻止破壞式創新的。」跟不上時代的腳步，是要付出代價的。第五波的兩大工作危機：去中間化及去實體化，在金融界都遭遇到了。第三波開始，ATM就開始取代實體工作人員。接著，無人銀行取代更多實體工作人員。第四波開始了線上交易，這是金融業的去中間化。交易無須經過銀行，或信用卡公司被扣手續，直接在線上金融處理。

朋友又問：「我小孩的工作是老師，那老師會不會被取代？」

回曰：「十多年前，在大學開過『人工智慧』的課程。那時候就跟同學說：未來，醫師跟老師都可能被逐漸取代。醫師的工作是根據護士檢測病患的症狀資料，下判斷後，開處方。這些『知識』，經由人工智慧的電腦系統都可以達成。美國已開發出不少醫療的人工智慧系統且在醫院使用了。這造成有些醫師被取代了。」

２０１１年，史丹佛大學教授薩巴斯汀。史隆，開設了「人工智慧」全球網路課程，原本在學校約有２００名學生註冊，課程開設後，全球十六萬名學生註冊。重要的是，其中，兩萬三千名完成課程通過考試。假如沒有網路課程，那只能有200名學生修課。其他兩萬兩千八百名學生必需要去修其他老師的課。也就是要有另外114位老師開設課成程。然而，由於網路課程，114位實體開課的老師被「去實體化」了。

此外，大家想想，虛擬實境（Virtual Reality）一旦成熟，在家就可以逛各個百貨公司，且可直接採購付款，跟逛真的百貨公司類似。如此一來，實體的百貨公司會不會被取代？由於看到此一趨勢，馬雲已開發出VR購物機了。未來，除了真正的實體，如吃的，穿的，或是交通工具等。其他會被取代的都會逐漸被取代。這是為什麼我一直呼籲要掌握趨勢，要持續創新的原因。因為，只有持續創新，讓你會的知識及能力，不在既有系統中，才不易被取代。然而，未來，那些產業及工作不易被取代呢？那就是在未來有競爭力的產業及工作。

未來競爭力產業

教授未來學多年，朋友問：

「為何台灣這十多年來，經濟成長停滯，造成『悶經濟』？」

我回朋友：「因為台灣的產業沒有跟上新社會的潮流。台灣第一次經濟起飛是在工業社會。蔣經國在工業社會掌握第二波的趨勢，推動十大建設。十大建設結合民間企業的活力，開創了台灣快速的經濟成長。而後，台灣從工業社會進入資訊社會。當時的經濟部長李國鼎掌握第三波的趨勢，積極推動IT產業，設立新竹科學園區，台積電即是當時創立的公司。台積電至今仍是影響國家經濟成長的重要企業。而今，人類已從資訊社會進入知識社會到創新社會。在知識社會及創新社會中，服務產業、文創產業、健康產業及生化科技等產業成為主要經濟產值。連台積電都自稱是半導體設計的服務產業。在生化產業方面，政府在新竹設立了生化科技園區。」

朋友說：「我知道了，如果生化科學園區的公司，能出現幾個像台積電的公司，那一定會大幅提升經濟成長。」

威爾鋼奇瓦納回曰：「穆拉德因研究一氧化氮獲得諾貝爾獎。生化公司運用一氧化氮原理，開發出的相關產品如威爾鋼與奇瓦納產品，帶來巨大的營收，就是一例。」

經過多年的努力，竹北生技園區已在生化企業綻放異彩了。比如，國璽幹細胞是第一家進駐新竹生化園區的生化產業，經過十多年的研發，成果斐然！獲得多國專利及國家獎項。人體實驗結果，可以促使人體幹細胞增長6倍。在抗老化、護肝、關節炎等。尤其，在生化科技相當優異的日本申請到「不老回春健康產品」的專利。這些都是高齡化社會非常需要的醫療產品。也由於前景看好，國璽大樓動工的動土典禮，新竹縣長邱鏡淳在致詞時表示，這是地方的大事，更是國家經濟的大事。身兼董事長及總經理的莊明熙表示，絕對要讓台灣的生化科技在國際上佔有一席之地，接著，要在國際持續擴大市佔率，成為台灣之光。且宣布剛設立環球百順生醫科技子公司，將由陳定穠總經理帶領的團隊直接銷售公司所有產品。

另外，錫安生技以同步加速器作為質子癌症標靶治療機，導入能量可變式同步加速器、六度空間掃描治療技術，以提升癌症醫療技術。

朋友說：「生化園區的廠商好像不少，看來台灣未來在生化科技產業應有相當的發展空間。」

我跟朋友說：「沒錯，如同台積電擦亮了台灣在世界半導體的地位，期待生化園區的企業為台灣開創另一個亮麗的世界一流生化產業。」

在台灣，除了尖端生化科技，其實，台灣本土的有機農業及中醫科技也是大有可為。全球有機農業的市場已越來越高，桃園有機農業理事長黃朝廷，就掌握這個趨勢。在1995年就在桃園市設立「添福有機農場」，當年沒有人看好有機農產的市場，而今成為農業的主流。此外，由於中醫可以跟西醫互補不足，中醫的優勢再結合生化的趨勢，亦是世界潮流。知名中藥漢浦世家負責人游士德就看到此一潮流，投入推動中醫藥與生技之發展。由於其熱誠與努力，遂被推選為中華中醫藥生技發展協會理事長。就職典禮時，冠蓋雲集，中醫界大老，台北市議員，葉林傳、陳彥博、李芳儒、陳重文及李傳中武，知名中醫師莊雅惠，在民視主持過瑜珈節目且出過《Yilin愛戀瑜珈》及《愛戀瑜珈》的Yilin老師等，都全程出席。

談了產業，再談銷售。中華直銷協會兩岸直銷研討會，邀請我去當主講人時就以「電子商務，危機？轉機？」為主題探討直銷會不會被「去實體化」。會後，跟新益美總經理黃村煜及國璽子公司的總經理陳定穠討論。

陳定穠問：「為什麼不會被『去實體化』呢？只要是銷售鏈中的銷售鏈結，會被科技取代就會被取代，為何直銷的銷售鏈結不會被取代？」

我回答陳定穠：「傳統銷售行為的銷售鏈中，有鏈結會被科技取代。比如，股市交易的營業員，當交易從網路程式進行時，就被取代了。然而，直銷系統本身的運作就是於建立在人與人直接的銷售。由於對像是人，所以，沒有被科技或機器取代的問題。」

黃村煜：「看來，直銷不僅沒有被『去實體化』的問題，直銷也會成為未來的重要銷售方式，我看好這個市場。」

陳定穮：「我也這樣認為，可是直銷在台灣好像有負面印象。」

回曰：「有些是不瞭解直銷，有些是以前某些直銷經營者運用不當的手段，造成社會對直銷的負面印象。其實，你們的觀點沒錯，直銷是未來銷售的主流方式之一。先談談直銷概念，直銷就是直接銷售，不經過傳統的銷售方式。我們來看看，傳統的銷售方式已遇到多少新的銷售方式？電視購物就是由電視直接銷售，然後，利潤由傳統的銷售鏈結，轉移到電視購物經營者。其次，網路購物。網路購物就是由網路直接銷售，然後，利潤由傳統的銷售鏈結，轉移到網路購物經營者。」

黃村煜：「馬雲的淘寶網更是將新的產銷方式發揮到極致。」

巴菲特跟比爾蓋茲都提出未來掌握通路將掌握財富。中國大陸領導人習近平也指出，未來能直銷的物品，就進行直銷。北京大學成立了直銷研究中心。南京大學設立直銷學系。在第五波中，共享經濟成為新趨勢，直銷將是共享經濟趨勢下的重要銷售方式。

結語

第五波的產銷方式完全跳脫從工業革命以來的模式，對社會各行各業的衝擊，可說是「天搖地動」。由於變革速度及範圍太快，不少世界知名企業，因為因應太慢，在第五波的浪潮中被沖刷而去。

「去實體化」造成工作消失，店面關門。原本商家雲集，原本門庭若市知名成衣批發市場的五分埔，現在有些店前門可羅雀，一年內關掉百家以上店面。銷售鏈中的店員、店家及房東的收入都消失了。未來，店面及辦公大樓的租用需求會隨著「去實體化」而大幅下降。

「破壞式創新」在各行業中開始興起。馬雲的淘寶網、支付寶；無紙幣時代來臨；機器人取代勞工，機器人做看護工作；無人車載客，無人車送貨；金融科技持續掠奪傳統金融界的版圖。面對產銷5.0，台灣，準備好了嗎？

第10章 民主5.0：以人民福祉為基礎的民主

創新社會形成，社會持續變遷進步，於此，呼籲台灣的民主也要跟著進步到民主5.0。先談民主1.0。民主1.0有選舉制度，政黨獨占市場，媒體掌控在政黨手上。這是國民黨一黨獨大的時期。雖然有社民黨與青年黨，但只是聊備一格，是以，當時有花瓶政黨之稱。數十年的戒嚴及黨禁、報禁及電子媒體壟斷。雖地方縣市及中央民代有補選的民主選舉，但是，對非國民黨的候選人，非常的不公平。

民主2.0有選舉制度，政黨寡占市場，媒體掌控在政黨手上。中央級的立法委員及國大代表，資深民代仍佔多數。民進黨打破黨禁後，開始進入政黨競爭。由於媒體還主要掌控在國民黨手上。所以，人民對資訊取得受到媒體相當大的影響，除了阻礙了民主的發展也讓民進黨在選舉的過程，相對辛苦。

而後，報禁打破後，進入民主3.0。有選舉制度，資深民代退休，中央級民代全面由台灣人民選出且總統直選，進入兩大黨時代。報紙掌握在某些特定人士及政黨手上。然而，此時期的電子媒體大部分為國民黨掌有，所以，民進黨提出「反對媒體壟斷」，要求開放電子媒體。

電子媒體開放後，空中的廣播電台，有線電視興起，言論市場大為自由與開放。進入民主4.0。雖然進入了民主4.0的外在型式。但是，民主的內涵卻在倒退的情況。因為在民主3.0在這時期，總統選舉改為直選，由國人直接選出總統。在此情況下，李登輝前總統喊出，「人民是頭家」，也就是人民是從政公僕的主人。這段期間，「傾聽民意」，「頭家心聲」喊得滿天價響。這時期的政治人物還會注重人民的心聲。有選舉制度，人民只當選舉那天的主人，當選人執政後變成主人。施政一意孤行，人民反彈時，有的掌權者說：「我都當選了，你是要按怎？」有的「持續自我感覺良好」。

然而，有些地方更離譜，倒退到民主2.0。發生了掌權者干預媒體，經由掌權而關閉不同立場的電視節目，這就是開民主倒車了。黃智賢所主持的「網路酸辣湯」，被關掉時，黃智賢就表示，是政治力介入。這讓我憶起，約20年前，知名作家李昂在台視主持介紹新書的節目，我受邀到節目錄影。後來，沒有播出該集節目。我問李昂為什麼沒播？她說：政治力介入，高層對我有意見。於其時，就對政治介入媒體及言論自由的作為，不以為然。法國思想家伏爾泰曾說過：「我不贊成你的意見，但是我誓死護衛你講話的權利。」這關節目或舉動造成了，光有民主的外殼，卻沒有民主的精神，甚至開民主倒車，絕非台灣之福。

總統直選至今，歷任總統從開始民調高到民調一直滑落就是，掌權後，忘了人民是頭家，自己當頭家，無視人民的需求。民調低落的背後意義就是人民痛苦指數提高。我們期待台灣的民主能提升到民主5.0。民主5.0的內涵是：有選舉制度，媒體公正報導，政治人物以人民福祉為施政依歸，實現選舉政見。其中，施政品質及媒體公正報導均非常重要。施政品質不佳受害的是人民。再者，媒體偏頗報導會影響人民的思考與判斷。而媒體公正報導的前題就是，掌權者不能掌控或干預媒體。

立法品質要檢討

政治人物以人民福祉為依歸可分為兩類。其一，立法機構。其二，行政機構。立法機構立法沒有效率，質詢官員荒腔走板，當然降低問政品質及立法品質。以本屆(第九屆)立委要制定「總統交接條例」為例。民進黨立院黨團提出,為因應四個月的總統交接空窗期,所以要制訂的總統交接條例。這種立法思維,連民主2.0的素養都沒達到。

朋友問:「為什麼這樣講?」

回曰:「為什麼會出現憲政空窗期?是誰造成的?不就是立法院將總統選舉時間提前到跟立委選舉一起選嗎?試舉一例。民國84年以前,台北市及高雄市直轄市市長是由行政院長任命,民國84年開放民選。這時候出現一個問題,其他縣市長任期未到,所以,北高兩市市長的選舉時間,跟其他縣市不一致。由於這會造成幽靈人口遷移及其他問題。後來的解決方案就是將其他縣市的縣市長任期延長一年,讓所有的縣市長選舉時程一致。」

朋友說:「我明白了。所以,解決的辦法應該是回歸總統選舉時間,然後,讓立法委員的選舉時程跟總統一致。但是,這樣就要延長本屆立委的任期到五月。」

我回朋友:「上次的修法,讓二十一位縣市長,三百多位鄉鎮市長,一萬多名縣市議員及鄉鎮代表,任期延長一年。解決了選舉時程不一致的問題。這次只要修法讓本屆立委任期延長四個月左右。」

朋友說：「對啊！如果四月中選總統及立委，選後五月總統及立委就職，問題不就解決了，那有需要再訂什麼交接條例？」

回曰：「完全正確。訂定交接條例是『本末倒置』。」

「憲政空窗期」是錯誤的，所以，正確的處理方式是消除「憲政空窗期」，而不是再訂一個條例來增加錯誤與複雜。想想，如果台北市長及市議員選舉是在八月選，然後，一月就職。這造成四個月市政空窗期，在此情況下，是該修政選舉時間成為十二月選，還是再訂個市長教接條例？

多次對立法院及立法委員問政及立法品質的滿意度都不高，領人民納稅高薪的立法委員應該自我檢討！人民也應睜大眼睛監督！

政府施政要提升——做對的事情，把事情做對

民主的內涵就是人民是主人。就好像一家公司的主人是股東。執政的政府就是公司的工作人員。總統類似董事長，由股東選出董事，再由董事選出董事長。行政院長

則是總經理。董事長及總經理的責任就是將公司經營好，業績成長，獲利提高，股東分紅。總統跟行政院長的責任就是振興經濟，提高國民所得。如何讓業績成長，提高國民所得？兩大要件：「做對的事情，把事情做對」。「做對的事情」就是方向正確。「把事情做對」就是執行能力。台灣曾經是亞洲四小龍之首。就是當時的政府有方向有執行力。前總統蔣經國在工業社會掌握了方向，推動十大建設。而後，李國鼎看到了資訊社會的IT產業方向，創設了新竹科學園區。正確的方向，效率的施政，讓台灣成為四小龍之首，被喻為「世界經濟的奇蹟」。

在1960年代台灣的平均每年經濟成長率達9.2％。1970年代則是台灣創造經濟奇蹟的黃金年代，平均每年經濟成長率高達10.2％。1980年代雖仍維持高成長，但速度已減緩，平均每年經濟成長率為8.1％。到1990年代經濟成長速度持續減慢，平均每年經濟成長率降為6.5％，在1998與1999年僅分別為4.5％與5.7％。

2001年開始台灣就居四小龍之末了。現在其他三小龍的國民所得如下。新加坡國民所得4.9萬美金；香港國民所得3.4萬美金；南韓國民所得2.4萬美金，台灣還是殿後，IMF（International Monetary Fund國際貨幣基金）預估2016台灣經濟成長為1.5%，台灣仍舊是四小龍最後一名，為什麼？因為，國家發展的方向錯亂了，沒有「做對的事情」，李國鼎在資訊社會初期就看到資訊社會的商機，推動IT產業，奠定台灣在全球IT產業的競爭力與地位。然而，資訊社會中期到知識社會，台灣的執政者，出現兩大問題：其一，沒有看到新產業的方向。其二，違逆世界趨勢，進行鎖國。諸多限制，讓企業不方便走出去，讓外國人才不方便進來。

看看，新加坡的方向，1990年代初期，要新加坡成為高科技研究中心；電腦資訊相IT2000計劃，讓新加坡國民所得超過一萬美金。目標達成後，推動為世界大企業的亞太營運總部，開發新的商業特區，積極招商。成功的讓新加坡成為世界知名大企業的亞太總部。新加坡是世界的電腦硬碟驅動器生產重鎮，負責生產全球三分之一的硬碟；世界第三大石油煉油和石油化學中心；擁有十三個晶片園，全球十大藥劑公司中的六家已在新加坡生產。

再看韓國。民國七十六年，台灣的GDP為五千兩百美元，韓國是三千四百美元，差了一大截。其後我國和韓國的數字都不斷增加，然而，韓國的國民所得一直保持約台灣的七成。現在，則超越台灣了。為什麼？因為韓國「做對的事情」。

李明博擔任總統後，信誓旦旦要提升國家競爭力建立未來黃金韓國。他的目標很明確，提升產業競爭力，提升國家競爭力，跟全球知名企業競奪市場占有率，提高國家ＧＤＰ，進入Ｇ２０，不再以亞洲四小龍為對手。他的策略方向主要有三：1.發展具國際優勢競爭力產業。2.產業多元化。3.佈局全球市場。這就是掌握正確方向「做對的事情」，接著要「把事情做對」。

吾人可看韓國怎麼「把事情做對」及「做對的事情」。韓國大型企業選定全球市場一流廠商做競爭的對象，然後，延攬全球優秀科技人才，在最短的時間，超越競爭對手。２０１０年第二季電視產業產值，韓國三星已取代日本Sony，成為全球最大電視廠商。此外，韓國的半導體產品，如三星的快閃和其他記憶體、Hynix的DRAM早已居世界領先地位，對歐美日先進廠商產生重大威脅。

在多元產業方面，韓國在手機、鋼鐵、造船及汽車業等產業也都有亮麗的成積單。甚至，爭取到中東最大核能發電廠的興建工程。在佈局全球方面，十年前三星及現代企業在海外沒有重大的投資，不到十年，三星及現代已快速全球化。２００９年韓國在金磚四國的科技產品出口額，首次超過美國、日本、歐洲。韓國達成的「黃金目標」是什麼呢？國民所得達兩萬兩千多美金，超過台灣。２０１０年，成功的達陣到G20，成為全球第11大經濟體，李明博更因此而主持2010年的G20會議。

台灣大學生的薪水倒退到16年前，國民所得原地空轉十多年。原因就是沒有「做對的事情，把事情做對」。既然人民是頭家，人民要扮演好頭家的角色。要站在頭家的角度，看「公僕」的表現。要審慎觀察「公僕」的言行，是否「言行一致」，是否「說一套，作一套」。台灣這十幾年來的空轉，政黨及政治人物都應反省檢討。

三層級的民主內涵

再談民主5.0的選民內涵。選民內涵可分為三級。目前台灣選民內涵停留在「第三級」。

朋友問：「怎麼說？」

回曰：「選了這個政黨，讓這個政黨做做看，做不好，下一次換掉就好了。這種想法認為，政黨可以做不好，當頭家的主人在任期內只能逆來順受，唯一能做的就是任期到換其他政黨。試想，工程公司幫你們社區蓋房子，蓋壞了，大家會說，那就換個其他建設公司就了事了嗎？」
朋友說：「當然不，會要求該公司賠償。」
回朋友：「建設公司做不好要賠錢。為什麼領我們那麼多稅金的政黨及政府官員，做錯了事或沒將事情做好。人民能做的就是將這個政黨換掉？」

天下有那個行業這麼棒的，當選了，我最大，想做什麼就做什麼。即使天怒人怨，人民一點辦法都沒有，只能下次選舉將其換掉。這是「第三級民主素養」，執政黨做不好，人民只能生氣的換黨做。即使換的這個黨並沒有講清楚，他能帶給人民什麼未來。這種民主素養很危險，因為在野黨只要想辦法杯葛執政黨，讓執政黨做不了事，那就等著人民因為忿怒執政黨的無能而將選票投給在野黨，在野黨就拿到執政權了。然而，令人嘆息的，這是台灣當下的寫照。

「第二級民主素養」，現任做不好，要取而代之的政黨有明確的承諾也具備能力帶來新的施政品質。在此情況下，選民清楚的知道，政黨的施政方向與承諾。

「第一級民主素養」是人民持續要求施政品質。即使現任的做的不錯，競選人若其他候選人更有能力帶來新施政，會支持新的候選人。就好像董事會任命公司的總經理。如果有能力更強的人，當然換能力更強的來當總經理。我們期待民主5.0的選民應該具有「第一級的民主素養」。

要問專業，不問顏色

台灣越早進入民主5.0，對台灣的發展越好。因為，一個國家的政治品質，會影響國家的競爭力及社會的安定。以大陸發生過的「文化大革命」為例。文革期間，將人分為「紅五類」及「黑五類」。「紅」的，怎麼說怎麼做都是對的。反之，「黑」的，怎麼說怎麼做都是錯的。這造成了「只問顏色，不問是非」。知識分子甚至於被打成「臭老九」，這造成了「反智」，「反專業」。社會上瀰漫著「革命無罪，造反有理」的價值觀與氛圍。

朋友說：「這好像有點像台灣目前的情況，只分藍綠，不問是非。只問顏色，不重專業。」

回曰：「這樣的政治的操作，造成文革十年的國家競爭力衰退及社會倫理秩序的破壞。也因此，持續呼籲社會，不要分藍綠要分是非，不要問顏色，要問專業。

否則，台灣將重蹈『文化大革命』的覆轍。」

朋友問：「大陸如何解決『只問顏色，不問專業』的問題呢？」

跟朋友說：「解決這問題的是鄧小平。鄧小平在文革期間被下放，他瞭解再這樣沒有是非，不顧專業，外行領導內行，國家會垮。於是，他掌權後，喊出『管它黑貓白貓，會抓老鼠的貓就是好貓』。這句話的內涵就是『不問顏色，只問專業及能力』。在新的政治思維下，大陸經濟持續成長，更於2014年成為世界第二大經濟體。」

朋友嘆氣說：「當年，大陸在搞文革，台灣在拼經濟；現在，大陸在拼經濟，台灣在搞文革！」

比如，前總統陳水扁執政時，推出「一縣市一大學」，我就指出，未來大學會過多，不宜再設立大學，這會浪費國家資源。前總統馬英九推動12年國教時，我就寫了《12年國教的危機與因應》，書中指出馬政府12年國教的種種問題，不宜貿然實施。無奈，忠言逆耳，硬是實施，結果，證實問題重重，家長學生怨聲載道。

再看，扁政府推動的二次金改，我也提出反對觀點。金改是要讓金融業合併變得更具規模更強。所以，基本的要件是公併公，私併私，大併小，經營績效好併經營績效差的。台灣的公家銀行本來經營績效都不錯，經由公公併，而成更有競爭力的金控當然是好的政策。因為，公家銀行賺的錢是屬於國家的資產。然而，二次金改的結果是，看到了荒腔走板大的公家銀行被小的私人銀行併，也因此，造成弊案。

馬前總統在當台北市長時，將台北市銀行讓富邦併也是很大的爭議。民進黨在推「不當黨產追討條例」，條例的精神是追討人民被不當的侵占的資產。首先咬追查國民黨執政時，經由執政的權力，不當的將國家的資產轉移或賤賣給國民黨的資產。其次，將這些不當的資產還給國家或人民。「不當金改追討條例」

民主5.0的政黨及政治人物要反思，從人民身上領薪水，選舉補助款，政黨補助款，要想想，有沒有替頭家好好做事。政治人物擔任政府官員時，要謙卑的認知，自己是替人民服務的「公僕」，要扮演好「公僕」的角色。

人民福祉，施政主軸

民主5.0的內涵就是「人民是主人」，政府施政要提升人民的「福祉」為主要考量。反之，一意孤行，甚至違背專業，推動錯誤的政策，拿不是民主是人民就是砧板上的魚肉了。馬英九前總統推動的「12年國教」就是一例。連國民黨內部都承認12年國教是錯誤的政策，也大多認為錯誤的12年國教政策是讓國民黨從地方到中央政權選舉大敗的原因。

當初要推動這個政策之前，我就在媒體指出「12年國教」是「國家的災難」。為了跟政府建言，還寫了《12年國教的危機與因應》。書中提出12年國教，將造成的「十大缺失」，會傷害家長及孩子至鉅。孩子及家長為魚肉。由於12年國教對教育傷害甚為嚴重，台大教授王立伸及劉廣定等發起成立「12年國教聯盟」結果是，言者諄諄，聽者藐藐。執意推動錯誤政策，這是魚肉人民，哪裡是以民為主？

蔡英文總統520就職後，由於12年國教「全面免試，就近入學」是蔡英文總統教育政治白皮書的主張，新任教育部長潘文忠於隔日宣示提三個策略。

策略一「擴大高中職優先免試」，他舉例，若有一所高中職的招生量，可以完全容納附近幾所國中畢業生，這所高中職就可和附近幾所國中，整合為一個12年教的「學習區」，讓附近國中生畢業後，即可免試進入該所高中職就讀；如有學生想讀其他的熱門學校，可參加分發區的超額比序。

據規劃，學習區內的高中職，不能拒收學習區內的國中畢業生，但國中畢業生則可自由選擇就近免試入學，或參加分發區的超額比序。教育部則須協助高中職優質再優質，以贏得學習區內國中生、家長和老師的信心。

策略二「鼓勵15個分發區或縣市全面試辦免試入學」，只要幾個分發區或縣市試辦成功，就可帶動其他分發區和縣市跟進，以求逐步穩健推動，達到「全面免試、就近入學」的終極目標。

策略三推動「類繁星計畫」，12年國教最大挑戰在於很多家長和學生競逐「明星學校」，以致超額比序、國中會考成績，仍占很重要角色，升學壓力沒有減輕。潘文忠提出突破性作法，推動「類繁星計畫」，分發區內每一所國中依據學生在校學習表現，推薦給高中。

這又陷入「為個人政見，不是為民福祉」的施政。這樣的政策比原來的12年國教造成更大的問題。首先，教育部要清楚「免試入學，就近入學」是升學的方式，不是教育的目標。教育要現確定教育的目標，然後，再思考什麼方式能達成目標。

12年國教的教育目標是適性揚才。高中高職已進入分流階段。試問，一個喜歡餐飲的學生，如果住在大安高工旁，就近入學，如何適性？一個喜歡美工的學生，如果住在開平餐飲旁，就近入學，又如何適性？

以泰北高中為例。泰北高中的美工科在科主任吳漢中帶領之下，就連續獲得多項全國比賽第一名。也因此，想學美工的學生競相來報考。大安高工也是辦出特色，有考上建中分數的選擇去大安高工就讀。然而，問題就來了。想讀泰北美工有三百人，但，美工科只能錄取一百，試問，如何免試？再看，如果想讀大安高工有五百人，學校只能錄取兩百人，那又如何免試？

政府施政要有方向，就是「做對的事情。」要有執行力，就是「把事情做對」。沒有方向的施政就會兩個問題，其一，變來變去，比如，美豬的開放，對「中華台北」稱呼的態度，電費的調整等，立場反反覆覆，就會被形容成「髮夾彎」。其二，因為方向錯誤，執行後必然民怨四起，12年國教就是例子之一。此次的提高最低薪資案也是例子之一。一個公司獲利減少，薪資無法提高。新總經理要做的是，將公司的競爭力提升。就比如，賈伯斯剛回蘋果的時候，蘋果虧損連連。賈伯斯沒有先調高員工薪資，賈伯斯知道要調高員工薪資的正確方法就是提高企業競爭力。企業獲利高，自然員工薪水提升，股東也可獲得高股利。新政府要做的是提出振興經濟方案，並從振興經濟方案中分析出可因而提升多少的薪資。台灣當年從五千美金國民所得快速衝到兩萬美金，是靠調高最低薪資嗎？政府要做的事是盡速檢討台灣企業競爭力問題，然後，提出可行的產業生級方案，再以優異的執行力，以最快的速度進行產業升級，讓薪資在最短的時間內得以提高。

結語

民主的真諦就是人民是主人。選舉只是民主的制度與形式。如果當選人施政不是以人民的福祉為主，而是以政黨或是個人的利益為主，那人民就不是主人，人民變成被剝削者。比如，政黨補助款就是考量政黨的利益。又比如，要過5%門檻才能分配不分區名額，就是考量大黨的利益。

民主5.0的內涵就是，不只要民主的選舉形式，更要有民主的內涵。雖然蔣經國時代獨裁且戒嚴，台灣還有不少人懷念蔣經國，其原因就是蔣經國用人唯才是用，在民生經濟上的施政，以人民福祉為依規。台灣越早走上民主5.0，民主才能更落實，人民才能當國家真正的主人。

第11章 台灣觀光5.0：諾亞方舟

在本校教育經營管理系2016年5月9日的系務會議中，蔡志偉教授提出對南島原住民文化的研究成果報告。報告中指出，到各地去進行田野研究時，幾乎都會有以下這張圖。圖中最上端的地方就是台灣。也就是說，台灣是南島民族的發源地。這時候，旁邊的朱子君及魏郁禎教授就發問：

「為什麼台灣是南島民族的發源地？」

我跟她們說：「在我的《驚豔台灣》書中有說明。」

由於每次系務會議系主任都會邀請一位與會教授做約20分鐘的學術報告。系主任孫志麟就邀請我在下一次的系務會議對南島民族發源地進行報告。

我在演講時常說，台灣的歷史教育跟地理教育有待加強。在語言的章節5.0有提過，如果瞭解歷史，就會知道一個人只要會國語及河洛語或客家語，就會講百分之三十的日語或韓語了。同樣的，台灣是南島民族的發源地的歷史及地理如果瞭解後，除了深化對台灣的特殊地理地位之認識外，也會提升歷史及人文的認知。此外，會幫台灣創造無窮的文創生態觀光商機。

感官之旅——觀光景點

觀光旅遊在人類進入工業社會，擁有便利的交通工具後，開始興起。工業社會的經常安排大陸參訪團來台灣的趙益宏及陳侯忠有一次跟我說：

「大陸旅遊團來台灣玩，大部分要求安排阿里山及日月潭旅遊行程。邀約他們再來台灣旅遊時，有不少人說，阿里山及日月潭去過了。該推薦什

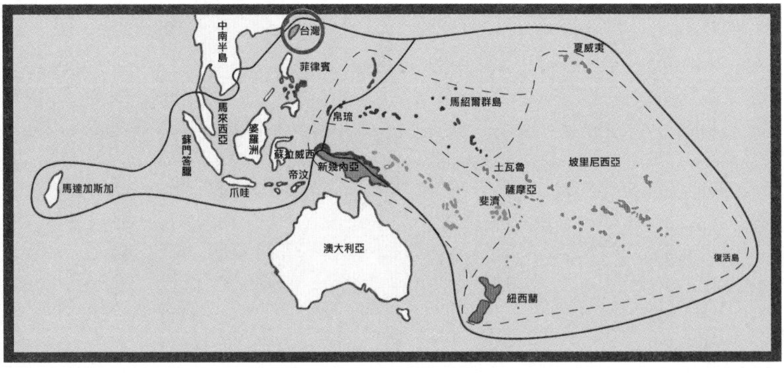

南海民族源頭

麼樣的行程？」

我跟益宏說：「旅遊只注重觀光景點是工業社會系統的感官休閒。進入了第五波，要思考第五波的觀光休閒內涵。第五波的休閒內涵除了觀光的景點特色外，對生態旅遊及文化創意體驗旅遊越來越受歡迎。隨著環境生態受到全球的重視，學習瞭解生態，尊重生態的『生態素養』成為各國中小學課程的教材內涵。這促成了『生態旅遊』蔚為風尚。」

工業社會說的觀光，主要是「感官觀光」，也就是觀光主要是觀賞景點。比如說，到日本看富士山，然後拍照，到富士山一遊。或是到巴黎要在巴黎鐵塔及凱旋門前面拍照留念。許多大陸團來台灣要到「中正紀念堂」或是「蔣公行館」就是觀光景點之旅。

台灣可以觀光的特殊景點絕對不只有阿里山與日月潭。自然景點本就讓世界驚豔。東海岸綿延長達兩百多公里，光靜態的天然風光就已美不勝收。玉山山脈，雪山山脈等諸多山脈。海拔超過三千公尺以上的高山超過250座。玉山、阿里山、日月潭、墾丁更是知名的風景勝地。東部的花蓮及台東景色是世界級的。

益宏：「我瞭解了，台灣的觀光旅遊景點特色甚多，不只日月潭及阿里山。好好規畫旅遊路線，來幾次都看不完，我知道如何行銷台灣了。」

生態之旅

「全球旅遊與觀光評析」（World Travel & Tourism Review）指出，人類進入第三波後，對自然生態的認識與維護的重視度逐漸升高。在觀光旅遊方面，觀光客除了觀賞靜態的風光景緻外，對當地特有的自然或生態特質亦有高度的興趣與需求。這促成了生態旅遊的興起，進而改變了諸多國家的產業政策。以加拿大為例，加拿大勞倫斯海灣。一九七〇年代末期，勞倫斯灣大批新生海豹被獵殺，成為全球新聞焦點，引發大量觀光客湧入，結果是觀光客所帶來的收入比出售豹皮高出三倍。當地人士也體會保護海豹比獵殺海豹能帶來更多財富。

另一個例子是發生在盧安達。當地居民原本強烈要求政府將大猩猩所棲息的林區，開闢為農場與牧場。這是第一波農業社會的思維。但盧安達政府不為所動，將林區規劃成觀光區，開放觀光客進入，沒想到僅門票收入一年達百萬美元以上，更不用說數以萬計的觀光客所帶來的消費對地方所產生的財富。也因此，當地居民一改原本立場，反而極力維護大猩猩林區。

生態旅遊的產值持續在提高。一九九〇年代，當全球GDP是18兆美元時。科學家估計地球生態可以產生33兆美元產值。現在，全球GDP已超過30兆美元，再加上全球生態多樣化快速降低，現有地球生態多樣性的產值更加提高。

侯忠問：「可是台灣有像加拿大海豹或是盧安達的黑猩猩嗎？台灣這麼小，有什麼特別的生態嗎？」

回曰：「這問題問得好。台灣土地面積是全球萬分之一，但，台灣陸地物種佔全球2.5％，是全球平均的100倍。台灣海域物種則佔全球十分之一，是全球平均的400倍。台灣生態的豐富及特色性具有絕對性的優勢，再者，台灣的特有珍奇動植物甚多，如玉山薄雪草、台灣雲豹、墾丁過山蝦、櫻花鉤吻鮭、馬祖神秘鳥、黑面琵鷺等。國寶魚櫻花鉤吻鮭更是歷經四次冰河時期孑遺的物種，若能善加開發各種生態之旅，必然成為舉世熱愛的旅遊勝地。」

侯忠：「您說的沒錯！生態旅遊的範圍太大了，而且，生態旅遊是深度旅遊，許多生態觀光又有季節性，來台灣一個月也看不完。」

其次，遠近馳名的四大蝴蝶谷，綠島有世界少有的海底溫泉，宜蘭外海的龜山島有活海龜之稱。台東的海岸山脈由於保存了原始生態被稱為有台灣的「亞馬遜」。還有，綠島的海底溫泉及椰子蟹，以及宜蘭的龜山島，被稱為「活海龜」，都可編織神秘的故事，吸引更多的觀光客。此外，高雄縣的月世界、野柳的美人石、澎湖的笑牆等。到了高雄的月世界真的會讓人以為身處月球表面。同樣的，到野柳觀賞美人石也會為淒美的等郎君回來的故事而感動。東部的淡水蝦在冬天交配後，母蝦會集體沿河流到海中產卵。蝦苗從卵中孵出後，會在海中生長到隔年的五、六月間。在這段時間的某個神秘的漲潮夜晚，蝦苗集體沿河上溯，河道上滿佈成群的蝦苗，是生態的奇景之一。

侯忠接著問：「為什麼台灣的陸上及海上的物種會是全球的１００倍及４００倍呢？」

回曰：「這才是重點。１００倍及４００倍是數字。這個數字背後的原因，是另一個更巨大產值的『文化創新觀光』。」

文創之旅的內涵就是將文化、生態及景點的元素，經由創意開發，開創出新的觀光模式。以芬蘭「聖誕老人村」為例。芬蘭運用歷史人文加生態開創的觀光更是充滿創意。芬蘭最北的拉普蘭省，地理位置接近極地，冬天白天太陽出來到下山僅2小時。這讓人憶起柳宗元的〈江雪〉：「千山鳥飛絕，萬徑人蹤滅」。又冷又黑夜又長，從工業社會的觀光角度，是沒有什麼人會要去觀光的。芬蘭首先運用歷史文化的聖誕老人村傳說。聖誕老人村的傳說，在俄羅斯、丹麥、瑞典、挪威等國都有。芬蘭看出文化觀光的商機，率先於1927年登記成為該國特有文化，並於2002年在羅瓦涅米設第一個聖誕老人辦公室。其次，結合地理特有生態——神祕極光，並運用利用行動科技，只要極光出現，簡訊傳到觀光客手機，得以及時體驗極光。這讓貧瘠寒凍的拉普拉省，一年賺進200億台幣的觀光收入。更妙的是，觀光客冬天比夏天人多，黑夜比白天人多。

台灣在文創之旅也早就起步。2003年行政院客委會開啟歷史上第一次客家桐花祭。參與開發桐花祭的前客委會副主委莊錦華說：「桐花生長在山林間，百年來，花開花落，見證了客家人的遷徙，成長的辛酸，客家人用油桐籽來榨油，用油桐木來作家具、作火柴。行政院客委會當時掌握了四級產業的趨勢，設定讓桐花從初級產業躍升至四級產業。訂定桐花祭的願景：『提升產業、深耕文化、促進觀光、活化客庄』。桐花祭是一個文創觀光，賣的是台灣特有的『客家山林』景點及綿延數百年的『客家文化』。桐花美景只是一種意念，要讓人具體感受到其人文與藝術內涵，必須要有桐花系列的意念產品。於是，透過精緻的設計，凸顯文化、山林之美，『五月雪』詩一出，讓客家山林在五月時感染著飄雪的無盡詩意。」

而後，創造系列的意念產品如桐花護照、桐花杯、桐花月台票及電話卡等一一出爐，出爐後，大獲回響，引發了社會對桐花祭注目。有一次去居在楊梅客家區的李景雄理事長家做客，提到了桐花祭的發想與開創。席間，世界知名的馴狗專家也出版了《沒有教不會的狗狗》的陳俊杰、葉婕秝老師及楊梅高中的曹朱榜老師。

俊杰說：「我可以做見證，因為，親身經歷了桐花祭的興起。說真的，桐花祭真是『無中生有』的創意範例，不僅喚起國人對桐花之美的驚嘆，亦成功的將客家文化推入公共領域，讓國人看到桐花就想到客家庄，分享客家文化之美。」

李景雄理事長：「除了豐富我們的多元文化外，為地方創造的商機才驚人。從第一年約3億的商機，第2年30億，至今每年持續的成長，並開創多樣的新桐花產品，如桐花書包、桐花皮包等。現在，許多地方都可看到『桐花餐廳』，將客家美食文化銷售到全台灣。」

葉婕稀：「桐花本來在台灣就有了，以往並沒有觀光產值。經由文創開發出這麼多的觀光產值，而且可以說是『無中生有』，實在太厲害了。」

回曰：「還有更厲害，而且不是無中生有的。台灣在地球物種史上，具有的崇高與神奇的地位，而且是真實的歷史。」

朱榜問：「什麼樣的崇高地位呢？」

回曰：「台灣是地球物種的『諾亞方舟』。」

朱榜老師一頭霧水的再問：「這怎麼說呢？不是在開玩笑吧？」

我跟朱榜說：「這要從台灣物種的密度談起，你有沒有想過，為什麼台灣陸地物種是全球平均的100倍，海域物種是全球平均的400倍？」

俊杰說：「對啊，為什麼會有這麼高的物種密度？」

冰河時期

答案就是「冰河時期」，台灣浮出水面的300萬年間，地球發生了4次重大冰河時期。這4次冰河時期，讓台灣得以有著如此豐富的物種。

婕秝：「你在開什麼玩笑？冰河時期只會帶來災難，那會帶來豐富物種？你看，《明天過後》（The day after tomorrow）那部電影，冰河時期突然來襲，帶來恐怖的災難，影片中的美國總統都在無預警發生的冰河情況，因逃避不及而遇難了。」

回曰：「不要用工業社會的系統來

冰河時期

思考。台灣物種多樣性及特殊性由來的故事，比一千零一夜的故事還吸引人。」

這個神奇的故事，由在地球使上歷經億萬年的冰河揭起序幕，所以，我們先從冰河談起。台灣島大約於３００萬年前形成，由於四面環海，阻隔了生物的遷移，缺乏了多樣的動物及植物，自然會形成單調乾枯的生態。北迴歸線上許多的地區都是半沙漠或沙漠。缺乏了多樣的生態，台灣會是乾枯的土石島，而不是福爾摩莎。台灣會變成福爾摩莎，就是在這３００萬年之間，地球發生了多次的冰河時期。冰河時期造成氣候發生重大的變化，當環境氣候造成重大變化時，原來生存的物種有兩個選擇：逃難或是演化。其一，逃難遷移到適合生活的環境。其二，演化以適應新的氣候。在此情況下，遷移不及或演化太慢的物種就會滅絕。

李景雄：「我知道台灣島成為陸地這３００萬年間，地球歷經４次的冰河時期：1.古薩（Gune）或鄱陽冰期，約在１５０萬～１３７萬年前。2.民德（Mindel）或大姑冰期，約於１２０～１０５萬年前。3.里斯（Riss）或盧山冰期，約在40～32萬年前。4.沃姆（Wurm）或大里冰期，約於11～1萬年前。冰河時期帶來漫天鋪地的巨量冰雪，覆蓋原本生活的大地。」

我跟李理事長說：「在這四次全球發生的大冰河時期，諸多地表被厚達數十公尺的冰雪給覆蓋長達數萬至數十萬年，在冰層底下的生物毫無活命機會。不管是經由演化還是逃難，現在能夠存在的物種，都必需經過冰河時期的嚴峻考驗，通過考驗的，才能存活至今。由於冰河時期冰雪鋪天蓋地，氣溫大幅下降，許多地區冰封千里，糧食更是短缺，也因此，地球上有許多的物種，都在冰河時期被滅絕了。」

當冰河持續往南覆蓋大地時，首先，氣溫跟下降，平均下降約10度C。生物為了生存大舉往溫暖的南方遷移。台灣在這個時候，處於亞熱帶及熱帶，又東邊臨海，再加上颱風帶來的豐沛雨量，讓台灣成為在溫度及水資源都適合生物遷移居住的新地方。所以，四次的冰河時期，台灣都成為物種的避難地。這四次冰河時期，對地球的物種滅絕產生了巨大的影響。

第四次冰河時期過後，氣溫逐漸回暖，約1萬年前結束此全球性的冰河期。地球進入溫暖的「全新世」。我們現處於「全新世」。但，沒有人敢保證，地球會不會再啟動冰河期。「明天過後」這部電影，就是以「冰河時期」為題材，在提醒人類，如果繼續破壞大自然，有可能再引發下一個冰河時期。結果，創造了相當高的票房紀錄。台灣的觀光如果能善用「冰河時期」，將會締造輝煌的觀光票房紀錄。

摩西過紅海

冰河期啟動後，寒流步步逼近，土地與水源一一被凍結。遷移性較慢的「植物」，如果遷移不及，只能眼睜睜看著冰雪將其覆蓋，而走上滅絕。遷移性較高的植物，往溫暖的低緯度找尋適合生存的環境。植物開始遷移後，逐水草而居的「草食性動物」，為了追逐糧食，自然會跟著遷移。這有點類似游牧民族跟著食物走。草食性動物遷移後，「肉食性動物」為了生存覓食，必然隨之進行遷徙。人類，身為生物的一種，不論是為了追逐獵物或採集蔬果，亦被迫跟著遷移。這造成生物大遷移，而遷移的速度與距離，取決於冰河南下的速度與擴張的程度。

四次大冰河時期，全球在鋪天蓋地的冰雪侵襲下，生命的邊界越來越往南移。原本散佈在歐、亞、非洲各個緯度的諸多物種，不得不放棄原本遼闊的生活大地，逃難到中國大陸之華南地區。這為華南地區帶來豐沛之物種，只是，冰河似乎並不罷手，讓生物逃到華南地區就善罷甘休。冰河繼續擴張肆虐，造成華南地區都因過凍而不適合生存。再一次的遷移潮，讓成千上萬的生物再往南遷。這時候，有著豐沛水資源及溫暖環境台灣成為遷移的重要避難居所。

俊杰忍不住大聲的說：「台灣海峽數十公里寬，隔著海水，這些生物會自己造船或游泳到台灣嗎？」

回曰：「你還是急了點，記得知名的摩西故事嗎？聖經上摩西過紅海的故事深入人心。摩西為了帶族人離開埃及，卻被阻擋在紅海之前。摩西祈求神的助力，將紅海的海水拉開，讓族人得以逃過埃及人的追殺。」

俊杰：「這跟物種渡過台灣海峽有何干係？」

回曰：「關係大了。就如同上帝將紅海的水拉開，類似的，造物者藉著冰河的力量，將台灣海峽的水拉到兩極冰河，讓台灣海峽成為陸地，讓原本會被阻斷於台灣海峽的生物生物得以逃過冰河的追襲。只是，冰河形成的台灣陸橋效應，比摩西過紅海更是壯觀多了。首先，當時逃難生物，不僅在數量及種類都遠超過摩西的逃難族人。其次，紅海的海水只拉開一小段時間，且拉開的高度及寬度都遠不及造物者將台灣海峽的海水拉至兩極。造物者的無比威力，讓人類不得不驚嘆。」

婕秝：「這已進入神話故事了，你有什麼證據？」

回曰：「冰河時期逐漸擴大後，首先，納百川得以成其大的海洋，在江河源頭因冰雪凍結，失去了百川的灌注，導致海平面逐漸下降。其次，兩極的冰層範圍越來越大且越來越厚，這又將大量海水吸納到兩極冰層中。此造成了海平面之水位下降超過百多公尺。想想，海平面上升個幾公尺地球上有些城市就會泡在水中，有些島國會消失在海底下。請問，當海平面下降百公尺，那會是什麼景像？當然，那時候地球的景觀絕對不會是我們現在所看的樣子。」

朱榜問：「下降超過百公尺，那許多海不是變成陸地了？」

我說：「完全正確。跟我們關係密切的台灣海峽，大部份區域深度才40～60公尺。是以，當海平面下降超過百公尺時，台灣海峽在地球上早就消失了。台灣海峽變成了台灣陸峽。原本阻斷兩個陸地的海峽，在這個時候，搖身一變，成為兩岸間的天然『陸橋』。」

俊杰拍著頭說：「我明白了。冰河所造成的台海陸橋，成為引渡生物來到寶島台灣的『救命或求生道路』。這樣說來，我馴的許多犬種都是外來種囉！」

我又繼續說：「沒錯，無數物種經由這台灣海峽陸橋這條道路，逃生到台灣，才讓地球的許多物種得以保存。從這個角度看，聖經上又有一個類似的故事。」

景雄：「我知道了，聖經上的大洪水及諾亞方舟的故事。上帝經由諾亞方舟保存了地球物種免於大洪水襲擊而滅絕，台灣這艘承載物種逃難的大船，有如聖經大洪水時的諾亞方舟，拯救逃難的生物，台灣成為保存地球物種的『諾亞方舟』。聽你這樣說，台灣在地球生物史上具有諾亞方舟的地位，台灣真的是夠神奇夠偉大。」

回曰：「當然夠神奇，然而，想想，諾亞方舟才多大？能保存的物種的多樣性或是數量都相當有限，台灣這艘方舟可就大多了。要不是台灣這艘接渡各類逃難物種的諾亞方舟，在冰河的肆虐之下，許多物種早就滅絕於冰河時期了。也因此，台灣島成為當時世界最大的生物避難區。大家想想，一個這麼大的地區，湧進了如是多的物種，經過競爭與演化，那會產生多少新物種對地球帶來多少新生命？更重要的，當冰河繼續往南吞噬大地時，這些生物又必需再度南遷，這時候，台灣就變成這些生物的最南端避難所。台灣土地面積小，卻湧進如是多的物種，這就是台灣會在單位密度上有如此高物種的重要原因。再從保存地球物種的諾亞方舟角色來看，台灣與聖經上的諾亞方舟相比，那台灣可說是超級諾亞方舟，在地球生物史上，對保存地球生物是功不可沒。」

準此，台灣可說是保存物種的聖地。

我又問：「以台灣的魚櫻花鉤吻鮭為例，大家知道櫻花鉤吻鮭是哪裡的魚種嗎？」

朱榜：「這有什麼好問的？大家都知道，櫻花鉤吻鮭是台灣的國寶魚，當然是台灣的魚種。」

回曰：「非也，櫻花鉤吻鮭是日本的魚種，就是在冰河時期，從日本

諾亞方舟

逃難到諾亞方舟台灣，而保存下來的物種。」

俊杰：「什麼！櫻花鉤吻鮭不是台灣的原生種，從日本遷移到台灣來的？那我們將其說是台灣的國寶魚，是不是有點幽默？」

回曰：「雖然不是台灣原生種，然而，從遷移到台灣，到在台灣落地生根，並演化成特有種，稱台灣國寶魚，也可以說得過去。其次，又如一些古老物種：台灣杉、台灣粗榧、台灣穗花杉等。這些物種在白堊紀至第三紀時曾廣泛分布於北半球，而後由於冰河侵襲而廣泛滅絕。然而在幾次冰河期中，台灣都未被冰層全面覆蓋，因此，生物不像在北半球其他地方受到毀滅性的傷害。是以，這些古老物種得以生存於台灣。冰河退卻後，全球氣溫回暖，這些生物有些向北遷移回故鄉，有些則往高處遷移，能存活到今天的物種，稱為『子遺生物』。」

景雄：「原來『子遺生物』的名稱是這樣來的，我只知道櫻花鉤吻鮭是歷經四次冰河時期的物種，沒想到，竟是如此可貴的『子遺生物』。」

回曰：「所以，稱台灣國寶魚可是當之無愧。融化的冰河造成海平面上升，台灣海峽湧進海水，再度讓台灣四面環海。留在台灣的物種，由於地理上的隔絕，因此演化為獨特的物種。台灣讓許多子遺物種，能從冰河時期逃難成功，並在台灣演化成特有種及繼續繁衍族群的事實，說明了台灣在冰河時期諾亞方舟的地位具有許多全球生物歷史上諾亞方舟及迦南美地的地球歷史地位。」

婕秝說：「我瞭解了。像芬蘭一樣，將全球性的『聖誕老人村』或是『極光』結合到觀光中。」

我說：「豈只如此，台灣的特點可多著呢！我在《驚豔台灣》提出12大主題文化生態觀光。提出12大主題的原因是，讓豐碩的台灣生態觀光資源，能夠以深入且多元的方式呈現。其本質是將生態與文化結合，開創更具文化色彩的生態觀光，讓觀光者有更多元的選擇，且得以深化台灣的生態觀光。再者，這12個主題的文化生態之間，都可以相互聯結及支援，更豐富觀光的內涵。」

限於篇幅，在此介紹其中之四。

☑ 一沙一世界之旅

我們常聽到「一沙一世界」，也就是中文的「見微知著」。從小的事物可以分析觀察出更寬廣的世界。一個人要達到這個境界並不容易，但是，從生態的觀點而言，由於台灣的生態包容了陸地上的熱帶、亞熱帶、溫帶、寒帶及三大洋的生態。到台灣這個地球上的小島，卻可以看到地球不同區域的生態，可說是「一沙一世界」的最佳實踐。要瞭解地球生態的各種特性，不需要花大錢走遍全球才能觀察到。到台灣，就可以學習到全球的許多生態及特色。

台灣有258座3000公尺以上的高山。海拔每增高一公尺的生態，相當於平面往北移一公里。從赤道到阿拉斯加，北半球接近四分之五的生態體系，台灣都擁有。從高山植被帶、高山生態體系、熱帶海岸林、潮間帶等。以冷杉為例，最北在阿拉斯加，最南在台灣。山椒魚、雪山蜥蜴、櫻花鉤吻鮭、高山　魚等北方物種，最南也在台灣。又如，生長在熱帶的熱帶海岸林棋盤腳，全球最北在台灣。

景雄：「『一沙一世界』這個idea很好。不只是訴求在台灣可以看到北半球的各種生態，更重要的是，引發人們思考，為什麼台灣從這顆『沙』可以看到『世界』？有些比台灣大幾十倍的沙漠地，看到的只有滾滾黃沙，生物稀少的可憐。很多朋友都在問我這個問題，我就將上述的原因告訴他們，朋友們都對台灣能有此一特殊地位而驚嘆不已。都說將邀請外國友人到台灣來見識見識，台灣真的應驗了『一沙一世界』。」

☑物種聖地諾亞方舟之旅

物種聖地之旅，是要讓全世界知道台灣在地球生物史上的高度及重要性。全球許多宗教都有其聖地，如耶路撒冷、梵諦岡等。在佛教，觀音菩薩是救苦救難。從救苦救難的角度，從拯救生物的角度，許多國家的生物都是逃難到台灣這艘諾亞方舟避難，而後回到原居地。對這些生物而言，應該要尊敬這個聖地。因為有了台灣這艘諾亞方舟，所以，地球上還存有如此多的物種，豐富地球生態的多樣性。

其次，蓬萊運動，造成蓬來仙島。高山林立，形成熱帶到寒帶的生態環境，提供北自阿拉斯加南到赤道，各路生物豪傑到台灣生存及繁衍後代。台灣不只是外觀的美Formosa。對生存在台灣的生物而言，台灣更是充滿鮮奶及蜜的迦南美地。

☑神奇板塊運動之旅

地質之旅可以讓人們瞭解台灣這個才300萬歲的年輕島嶼的特殊地質與活力。台灣到底有多年輕呢？假如5億年的陸地當成100歲，那台灣才約六個月大，夠年輕了吧？在冰河時期，台灣海峽成為陸地，台灣東邊的太平洋由於深度夠深，還是屬於海洋狀態。這時候，如果繪製世界地圖，那台灣與中國大陸一體相連，由於東岸是太平洋，台灣變成歐、亞、非陸塊的『極東之地』。冰河過後，海水面回升，東海岸十公里外海水深度達５０００公尺，是西岸大陸棚平均深度50公尺的１００倍。歐亞板塊最東緣的台灣東岸是岩岸，但，台灣西部因為大陸棚則多為沙岸或泥岸。

其次，台灣的浮出水面是地殼擠壓運動所造成，而這地殼運動正是全球陸地形成的原因，所以，這可以讓人們學習正面的與地震共處。台灣雖然面積不大，但擁有多樣的地質型態。如海蝕洞、海蝕平臺、海岸階地、海岬、壺穴、臺地、河階、峽谷、褶皺、斷岸峭壁等。還有，澎湖的玄武岩，那真是舉世少有。這些地質生態還可以開發地質特色觀光旅遊。

被稱為「台灣亞馬遜」的海岸山脈，可是遠在百公里外海。由於菲律賓版塊每年以約十公分的距離向歐亞版塊移動擠壓，經過百萬年的移動依親到台灣島來，成為台灣的一員，這除了讚嘆造物者的神奇外，也會讓人引發萬物一體的道家思維。如果，在海岸山脈找出美麗的景點，邀請各界包括國際人士舉辦「千里之外」晚會。除了可高唱「天涯若比鄰」，「我總有一天等到妳」、「你儂我儂」等歌外，也可以有不同的藝術表演，讓全球都知道台灣的地質特色。

由於海岸山脈約在50萬年前與台灣結合，可以開創50萬週年的結婚紀念，這可比人類的金婚、銀婚、鑽石婚更轟轟烈烈了。其次，可以創作這兩個山脈的「結婚進行曲」，紀念兩個山脈的50萬歲結婚紀念，因為這兩個山脈的婚姻，可真是道地的「天作之合」，而且追求的過程可是千年萬載海枯石爛。以後，每年可如跨年晚會一樣每年舉辦結婚記念日倒數，想想五十萬零一年倒數，五十萬零二年倒數，那可是比2011或2012來得酷多了，這活動將成為台灣舉世矚目的重要生態觀光事項。此外，在綠島與蘭嶼可以舉辦跟台灣結合的「訂婚紀念日」，因為，百萬年後的未來，菲律賓版塊繼續往台灣擠壓，綠島與蘭嶼也會與台灣島結合，台灣家族成員將越來越多。只是，蠻諷刺的，當年將核廢料置於綠島的人士，不知道有沒有想過，花了這麼多功夫放核廢料到蘭嶼，最後還是回到台灣？

☑文創神秘探索之旅

從小我們喜歡看一千零一夜電影或是閱讀神秘的書籍，因為，人類喜歡探索神秘的事物。野百合的故事也編織著美麗的故事。台灣有許多神秘的傳說以及神秘的特色。如果能搜集這些傳奇故事或是景物，並規劃神秘之旅，一定會讓觀光者大呼過癮。比如，魯凱族著名的「巴冷公主與百步蛇」的故事，就是流傳久遠的淒美故事。

有一次跟經常到各地進行探索教育的楊孟哲教授，楊教授對歷史涉獵頗深，其《大侵略時代。日帝太陽旗下，脫亞之役，1894～1945年》對日本侵略亞洲有深入的探討，還有擔任過行政院顧問，原住民籍的吳玲梅教授、留學西班牙的方銘健教授討混神秘探索旅遊。

方銘健教授：「台灣音樂有一個很神秘的地方。」

吳玲梅教授：「台灣音樂落後其他先進國家甚多，何神秘之有？」

方教授：「布農族的八部合音。」

吳玲梅教授：「九族文化村經常可以聽到原住民的歌，有何神秘之有？」

布農族的張惠玲主任加入討論：「你有所不知。以布農族的（Pasibutbut）祈禱小米豐收歌為例，以小米（dilas）為主食的布農族人，在每年整地完畢到播種祭之前，在祭司的領唱下，先在屋外演唱這首『祈禱小米豐收歌』，然後再慢慢移入屋內，象徵今年播種的小米能豐收。」

方教授：「由於這首祭儀歌曲的演唱形式之特殊性及其與整個祭儀結合的複雜性，pasibutbut早已知名國際，中外皆知。布農族人自稱pasibutbut為『八部音合唱曲』，這是人類音樂史上，跳脫單音成為多部的複音的一個重要突破。楊孟哲：傳說中布農族將大地的聲音，如山林裡的風濤、蜜蜂的嗡嗡聲、小鳥的振翅聲以及瀑布聲等，視為是一種生命的禮物與祝福。由於這種將各類型天然聲音融入生命的態度，讓布農族開創了人類音樂史上的天籟～八部合音。」

方教授：「2006年美國潘朵里安公司（Pandourion Records）出版了古代蘇美、巴比倫與古希臘人音樂。書中指出西方古文明音樂多是異音音樂（Herterophony）。至於具有理論性的複音音樂研究資料，則大約在七世紀至九世紀之間出現，也就是離現在約1100～1300年之間。然而，臺灣的複音音樂，遠超過西方的年代已經存在，如祈禱小米豐收歌、童謠勉勵歌（u-i-he），這顯示台灣先民於人類音樂史上的領先地位。」

張教授：「我知道了，為什麼我們布農族的祖先能在數千年以前就開創出複音音樂，那就是音樂界值得探討的神秘歷史。結合台灣在音樂史上的特殊地位，開創文化音樂之旅將是另一個吸引世人的文創音樂饗宴之旅。」

馬祖的神秘之鳥，也是全球賞鳥人士驚豔之鳥。「神話之鳥」是一種名為「黑嘴端鳳頭燕鷗」的稀有鳥種，其特徵為黃色嘴前端帶黑色，白色羽毛，額頭有一大片白，頭部兩端有些許黑色塊，遠望像禿頭的鳥種，是鷗科鳥類中最稀少的一種，自1863年被命名以來，比較確定的觀察紀錄只有5筆，其中曾長達60年時間無人發現，只能從文獻描述中想像其體態，如同神話一般，因此被形容為「神話之鳥」。直到2000年，連江縣政府委託生態攝影師梁皆得，前往馬祖紀錄馬祖生態，拍完後發現有8隻燕鷗長得不太一樣，與多位鳥類學者研究討論後，赫然發現這8隻居然是傳說中的「神話之鳥」黑嘴端鳳頭燕鷗。此消息傳出後，立即引來國際鳥會重視，並吸引許來自全球各地的賞鳥人潮。

馬祖地區的民間信仰中，地方廟宇有著「二將軍」的傳說。馬祖早期有興建廟宇時，以祭祀天后、五顯神君和土地神為主。二將軍原本的小廟在海邊，傳說其神祇原形是鳥神，以前行船人如果遇到船隻進水，只要向天呼告二將軍的名號就能獲救。但二將軍上到神媒身上，發出的語言頗似鳥語，極難聽懂，做法時有時也會配合剃血符儀式，交由信眾攜帶保身安家。而神話之鳥給人的印象，就是神秘，若結合在地的鄉野傳說更添神秘的特質，不僅是讓歐洲及外國賞鳥客來觀賞生態，更可賦予它更豐富的文化意涵，傳達地方宗教文化特色。台灣的宗教有許多神秘的故事，甚至宗教活動中有許多神秘的行為。比如，台灣的乩童就曾經被國家地理頻道報導過。

南島民族起源之旅

台灣另一個神秘就是原住民傳奇，喜歡到處旅遊的楊孟哲教授於２００４年造訪紐西蘭毛利博物館，看到了毛利文化和其先民的生活習俗，大吃一驚。因為，無論是服裝、紋身黥面、獨木舟、木雕、音樂、舞蹈、打獵等展示之文物，都好像台灣的原住民文化搬到此處，恍若還待在台灣原住民館。

楊孟哲則回應我：「當時，一陣神秘感襲上心頭，當時心中暗想，難不成兩國原住民的祖先是有血緣的關聯？」

回曰：「人類學家據遺傳基因推論，紐西蘭毛利人的祖先可能來自台灣，他們在四千多年前南移，先到達婆羅洲的美拉尼西亞，在斐濟、新幾內亞及所羅門群島，而後，再南移至紐西蘭，最後，在紐西蘭落地生根。」

楊教授：「紐西蘭政府運用其博物館典藏了毛利文化實物、藝術品、歷史文物，以充滿故事性的敘說及互動式的呈現吸引超過千萬名遊客。反觀台灣呢？如果能善用此一傳奇故事，必定能帶動更動人更吸引人的觀光特色呢？」

其實，古語說的好，「一葉落而知秋」。紐西蘭毛利人的例子，就說明了為什麼南島民族的地圖上源頭都有台灣。因為，台灣是冰河時期，人類往南遷移的重要轉運地。冰河過大時，左鎮人都台東地底取地熱。無法抵擋寒冷的人類就繼續往南往熱帶地區遷徙。這除了將台灣原住民原有的文化散佈出去外，台灣也就自然成為南島民族的起源地。這麼重要的歷史、地理及生態地位，好好發揮，吸引的觀光客的數量，當可超越紐西蘭。

我們都是外來的——別再分了

我跟三立記者陳以嘉、楊燕雯老師、簡敬芳、王文君、及陳漢鍾議員談到台灣歷史糾葛問題。

燕雯：「最近，因為高喊轉型正義，許多歷史上的觀點都重新被討論。比如，台北市將沈葆楨廳移走，台南市有原住民提出要遷移鄭成功銅像。」

敬芳：「過去就聽過『外省人，滾回去』。」
漢鍾：「這種挑撥族群的言論，其是是在傷害族群和諧。」
文君：「其實，如果將人類進入台灣的歷史好好了解，好好省思。我們都是外來的，只是先來後到罷了。」
回曰：「沒錯！人類是生物之一，當然也會被冰河逼迫遷徙。台灣歷史豈止幾百年，早在十幾萬年前，台灣就有人類的足跡了。」

早在「盧山冰河時期」，「大崗山人」為了躲避冰河的肆虐，於幾十萬年前南遷，從華南步行到「海峽陸橋」前，而後，高唱「向前行」，前仆後繼的進入台灣，定居於西南部平原。那就是第一批「原住民」。而後，「左鎮人」為了走避「大里冰河期」，於兩萬多年前，追逐著獵物直奔台灣，在台南左鎮定居。只是，「大里冰河期」非常凶猛。這逼得「左鎮人」不得不從居住了幾千年的地方，翻越中央山脈來到東海岸的長濱一帶定居。在長濱定居後，又落土生根成為「長濱人」。

漢鍾：「聽你這樣一說，台灣的人類史重新思考了？」
回曰：「沒錯！人類的角度寫歷史主要是人類在該土地的生活狀況。然而，目前台灣史主要著重在西班牙、荷蘭、鄭成功、清朝、日本時期到中華民國及台灣目前的狀況。只是，這些歷史不過數百年，台灣在幾十萬年前就有人類了。目前已知『大崗山人』是環太平洋地區最古老的人類之一。台灣的人類史當然應該從幾十萬年前的高度重新改寫。而且，不要只從人類的角度思考。」

燕雯：「以老師教學的觀點，應不只從人類角度，更應該從台灣的角度思考。」

敬芳：「沒錯，台灣今日有如此豐富的人種、語言及餐飲文化，就是台灣如大海廣納百川。」

文君：「我了解了，從台灣的角度，是台灣包容這些外來的人種遷移進入台灣，這些人種帶來了不同的語言及文化，也創造了多元的歷史。」

我又繼續說：「從數十億萬年生物的歷史來看，台灣這個３００萬年前才最後從海底冒出頭的年輕小島，其島上所有一切生命形態，皆屬境外移入，只有先來後到之差別而已。準此，台灣並無真正所謂的『原住民族』。所以，不論『平埔族』或『高山族』，都是冰河逃難潮的遷徙過來的移民。如前所述，台灣早在幾十萬年前，就有人類來定居了。在這諾亞方舟上，通通是為避難來的寄居客旅，並無所謂的真正最早之主人。」

文君：「你說的，我感觸頗多。造物者透過大自然的力量，替台灣營造出多元的地質生態環境，讓所有境外移入的物種們各安其所、各繁衍其類，這就是『生態大國』的胸襟，所展現的『兼容並蓄』的氣度。所以，台灣不只是諾亞方舟，也是繁衍下一代的『迦南美地』角色。『福爾摩莎』、『寶島台灣』都是『迦南美地』的另一種稱呼。這艘方舟及美地，自她浮出海面以來，保護歷次地球生物的命脈及諸多人類的文明。從這個角度看，地球能有今日豐富的物種，台灣功不可沒。」

結語

從感官觀光、生態觀光到文化創意觀光，台灣都擁有世界級的特殊地位。如果，台灣的歷史及地理課本將台灣這麼優異的物種的諾亞方舟寫進去。那在這塊土地成長的人，將會更深化了解台灣，更活化台灣的觀光深度及廣度。

台灣，絕對不只有感官觀光的阿里山跟日月潭。台灣有著傲人的生態觀光及無窮的文創觀光等我們去開發。

第12章 文創5.0：蘊含在地人文歷史的新商機

今日，我們生活在科技的洪流中，變化之快前所未有，而「科技、創意、創新、互聯」不僅不斷孕育出新的商業模式、改變你我的生活，也改變大部分人未來的職場。「今日一過，明日將變」這是無法抵抗的時代洪流！文化創意產業邁入5.0的時代，你準備好了嗎？

何為文化創意產業

文化創意產業是近幾十年來新興的名詞，被視為第四波經濟產業的救星。

文化創意產業綜觀其發展，其實是個大家共識決的概念名詞，文創大國的英國與UNESCO（聯合國教科文組織）提出的是「創意產業」Creative Industry、芬蘭與韓國提出「文化產業」、而我國則把文化與創意結合，推出文化創意產業Culture Creative Industry。

２０１３年，UNESCO的創意產業報告（Creative-Economy-Report-2013 Special Edition）則開宗明義表示「文化多元將成為創意產業永續發展的根本」，明確點出文化的重要。而在２０１５年12月，UNESCO則正式以Cultural Creative Industry文化創意產業為標題（委由CISAC國際作者和作曲家協會聯合會the International Confederation of Societies of Authors and Composers），發表第一本全球文創產業地圖（Cultural Times — The first global map of cultural and creative industries），強烈揭櫫以文化為核心、尊重多元創意提供滿足生活各式需求，同時借重數位發展，才是未來經濟發展的基石，而且呼籲文創產業除了是未來經濟發展的主要動力外，更創造了非經濟價值，支撐著「以人為核心、獨特且永續」的經濟發展。

藉此報告，UNESCO清楚指出「創意、文化、設計、美學、多元」將成為未來經濟的發展主軸；而網路、科技將會成為產業交織發展的血脈。

可預見的未來，文創產業將會是一個越來越無產業別分界的經濟發展模式。至今如果再依產業類別訓練人才、藉以思維，台灣的文創產業就成井底觀天，永遠停留小確幸的時代，無法跨出大格局。

根據2015UNESCO定義文化創意產業主要包括11大類：廣告、建築、出版、遊戲、音樂、電影、新聞雜誌、表演藝術、廣播、電視、視覺藝術。

台灣在2010通過的「文化創意產業發展法」總計分為15類：視覺藝術產業、音樂及表演藝術產業、文化資產應用及展演設施產業、工藝產業、電影產業、廣播電視產業、出版產業、廣告產業、產品設計產業、視覺傳達設計產業、設計品牌時尚產業、建築設計產業、數位內容產業、創意生活產業、流行音樂及文化內容產業。有趣的是，最後的第16項：其他經中央主管機關指定之產業。仔細思考，各行各業只要加了「文化」、「設計」、「創意」都可以成為文化創意產業。

換言之，我國定義文化創意產業其實較UNESCO更為寬廣，幾乎涵蓋各行各業，賣小吃的只要透過文化包裝、故事行銷，鬍鬚張魯肉飯也是文創；所有3C產品經過美學、功能設計引領生活創新也是文創、機器人是文創、無人機也是文創；廣告行銷、物聯網……未來的世界碰得到、用得到、聞到到……通通算是文創的範疇。

探討文創5.0，讓我們先來冥想一下未來的世界……

10年後　文創引領世界翻轉

這個世界每一秒都在變，可預見10年後的世界的一角，可能是……

無人機滿天飛：天空上，無人機像小叮噹的竹蜻蜓可以載人去上班，可以送貨，因此大樓頂樓設管理員室也設出入口，方便收、送包裹，也方便人員出入。

「ＶＲ＋ＡＲ」購物、旅遊、上課不出門：未來是一個「ＶＲ」（Virtual Reality虛擬實境）的時代，運用VR上網購物像逛大街、滑鼠點按店家如入實體店面。買衣服不需試穿，透過ＡＲ（Augmented Reality擴增實境）搭配已經過３Ｄ掃描的身材數據，立即試衣、修改、下訂。想想姊妹淘們，分別躺在自家的沙發上，透過ＶＲ＋ＡＲ一起逛街、購物、聊天，隨時參加、隨時離開。

虛實交替間，幾乎所有的購物行為全部透過物聯網交易、運送。一般零售店面幾乎消失，體驗經濟成為店面存活的唯一原因。

學生們不用出門，透過網路與擴增實境技術，完成學業，到學校只是為了真實互動的玩耍與交流！ＶＲ還會運用在網路課程、遠端醫療、網路分享演出、展覽等等，未來的人透過ＶＲ遊遍全世界！

機器人改變職場工作：在工廠、家中、服務店面，機器人接手重複、不需複雜創意的工作，未來可能需要特別標示免得與人產生戀情。各個行業，有公安問題的工作以及例行的基層工作皆由機器人取代，幼兒以及老人皆有看護機器人陪同，身障者將有各式不同的機器人陪伴解除生活上的不便。科技進步，如果被惡意運用，犯罪將無孔不入，竊聽器化身成蟑螂機器人偷偷入侵家戶、人身安全更是疑慮。

無人車漫步在街道上：透過大數據分析與電腦程式運算，無人車在街上魚貫進出隨搭隨上，搭車可以免費喝咖啡因為透過你手機上的資訊分析，廣告商推撥資訊給你，你的咖啡就是廣告分潤。

手機儲存也洩漏所有機密：人的所有秘密、上網點閱、購物、聊天等等行為……幾乎全部被記錄，在無限、無線交錯連結的網路空間，透過手機暴露之資訊，讓人幾乎成為透明。所有的數據變成財富，提供廣告商、廠商交叉運用、精準行銷。人類對手機的倚賴已成為密不可分的一部分，通行證、金流、訊息交換、聯絡資訊、在網路世界行走過的痕跡……通通存於一機。而手機將是一個小小的裝置，可以透過投影幻化出所有的功能，或是薄如一張紙，可以摺疊，或是與隨身裝置結合，變成身體的智慧夥伴。

大企業已解體，應運而生的是以消費者需求緊密結合的各個企業體，透過網路平台集資生產、運送，「創意、設計、多元連結與說故事能力」成為企業生存的唯一法門，凡舉符合「需求聚集、創意吸引人、設計足以解決問題或創造新生活模式」的企業才可能存活，反之淘汰。

這是未來的世界，或許10年後，全街上的人都帶著「擴增實境」的裝置，每個人都活在虛擬與現實生活的交錯中，或許到時候，心理醫生會是最夯的行業，因為虛實兩個世界隨時替換，人的心理一定難以調適。科技發展到最後，對人類究竟是福是禍，將會是一個大問號？以上所述，已不是科幻片，而是即將一步步實現。而這些發展，廣義來說都屬於文化創意產業的範疇。

回顧自2000年以來世界的變革

2000年，佳能Canon推出第一款針對數位需求而開發的相機，同年Apple推出iPod，數位的影音、影像革命自此掀開。一連串的科技、網路技術推陳出新，帶動創意新思維引領出新的經濟模式，人類的生活正如同氣候變遷般劇烈變化、翻轉生活模式，而這些在台灣都屬於文創的定義範疇。

☑ 數位影像改變設計產業

2000年，佳能Canon推出第一款針對數位需求而開發的相機，搭配電腦軟體，設計產業在短短十年內，完全改變設計模式。網頁、數位媒體興起，傳統設計之製版、描圖……等技術，已淪為歷史。

☑ Apple iPhone改變人與世界的連結　改寫手機的歷史

2001年，蘋果推出iPod，開啟數位影音的時代，改變影音的商業行為，終結CD、DVD的命運。

2007年，蘋果推出iPhone，接合程式開發者引領創新風潮、滿足各種不同需求，打造一個手機因為App而個人化的新紀元，不僅改變了「手機」的定義，更把一干手機、電腦等相關行業打得落花流水，到今日為止，黑莓機、Nokia仍在無法復原的階段。

iPhone推出，也把全世界的人變成低頭族，手機已成為生活的要角。而手機支付在中國大陸已蔚為風潮，臺灣開始直追，所有廣告推撥開始透過手機大數據、侵犯所有人的隱私，可見的未來手機將是所有功能all in one，完全融入生活的每一個需求。

☑社群、物聯網、互連網、虛擬生態圈創造經濟新王國

臉書原本只是哈佛『同學會』，因為打中人類偷窺、分享、愛現的需求宛如打開社交的潘朵拉。不僅改變人類的感情世界、也改變了人與人的聯絡方式，更創造了虛擬世界的朋友多於實體世界的怪象。

2004年臉書成立，花了5年使用人數從0到4億，之後快速飛昇，目前為全球第三大國家擁有15.9億的活躍用戶，成為全世界溝通的重要工具，也創造「社群行銷」新商機。其中台灣是亞太區行動滲透率最高的市場之一，在台灣的2300萬人口計算，有超過75%的人使用Facebook；以台灣連網人口計算，則高達9成以上，以Facebook台灣用戶計算：1300萬每日活躍用戶數中，有1200萬都用手機連上Facebook，滲透率達92%。

拜智慧型手機之便，臉書興起，社群軟體相繼推出Line、WeChat、LinkedIn、WhatsApp、Instagram……，人類的社交、生活變成一朵朵的雲端。

而讓社群軟體不再只是社群軟體而成為生活必需品的是微信（WeChat），短短3年人數竄升到10億，每日活躍用戶數將近6億人，目前有800萬個活躍群組，覆蓋20種語言、200個國家和地區。不僅是溝通聯繫的平台，還包含了微信支付。2014年首度推出「微信紅包」，農曆年間，引爆移動互聯網一場「搶紅包」運動，不僅打中人們過年討喜的心情，更創造新的送禮模式，社群與互連網交織成的新經濟生態圈，將隨著創意不斷擴大。

☑ Airbnb、Uber開啟共享經濟新模式

隨需經濟（On-Demand Economy）、共享經濟、Uberification指的都是同一件事，均是拜科技、網路、手機之賜，透過App將全世界的供需透過共享的模式完成，徹底顛覆原有的經濟模式，不必擁有即可賺取分享利潤。此種經濟模式因為Airbnb、Uber的成功，正如雨後春筍般的竄出，買菜、送餐、修車、清潔、溜狗、停車、旅遊……只要有需求就會有人想到，公司的真正價值不在現有的營收，而是虛擬世界參與的聲量與可預期的擴散度，公司的營運靠投資、融資壯大。

2008年8月，Airbnb在美國加州舊金山成立。目前，Airbnb在192個國家、

33,000個城市中共有超過500,000筆出租資料，市值成長到２００億美元。Airbnb是全球最大的旅館提供業者，但並不需要經營旅館，只負責平台營運。而這樣的經營模式符合供需兩方的需求，出國旅遊想找點在地、特殊的；而自己有多的房間想賺點外快、想認識各國來的朋友。這個模式挑戰現有的旅館管理相關法規，但是身邊的朋友不斷的加入、分享，最近有位朋友分享了住進紐約女文學家的浪漫小屋，聽起來都有點令人心動。

２００９年，Uber成立，一個沒有計程車的計程車跨國企業，改寫了經濟模式。雖然在各國糾紛頻傳，多數國家認定其違法、台灣也認定為不符合交通運輸法規，但Uber遍地開花已成事實，目前遍及全球３００多個城市鄉鎮且仍快速擴張中。

Uber是有史以來成長最快的公司之一，也是全球獲得最多創投資金的新創公司。靠著創投的投資加上Google、微軟的投入，到中國大陸也大量吸取企業投資，最近宣布獲得沙烏地阿拉伯主權財富基金35億美元投資，公司市值逼近６８０億美元。共享經濟賣的是虛擬世界的實力與未來的夢，他的市值不是真實存在的實體，當「供需」改變，將立即崩滅！

☑ 募資平台夯　資金募集、創業靠說故事

一個露營、郊遊攜帶的保冷箱，因為創意好、會說故事，可以快速的募集4億台幣，成立新創公司進行生產、營運，這是真的，也是最新的經濟模式。

在kickstar募資平台一炮而紅的「最酷保冷箱Coolest Cooler」，亮麗的外型、令人無法抗拒的多功能——保冷箱、攪拌器、藏有刀具與盤子砧板、開瓶器、防水並可拆卸的藍牙喇叭LED照明燈、USB充電埠、寬輪胎搭配伸縮拉桿。整體設計就一個「酷」，完全切中人心需求。

募資案成功最主要的原因有三：一、功能符合消費者的渴望，二、設計酷炫、美觀且功能齊全，三、宣傳影片動人充分展現產品優點。琳琅滿目數不盡的功能只能用一個「酷」字來形容，充分勾起「我也想要」的心動，藉由網路社群的轉載分享，一上架即衝破募資門檻（5萬美元），最終獲得6萬多人贊助，募集1328萬多美元，至今已量產、透過社群共享，公司不斷茁壯。

你贊助過嗎？根據統計，台灣平均每50人就有1人曾贊助過群募專案。根據科技部的統計群眾募資從2009年開始，全球群募案件總計達135萬件，累積募資

金額1738億。台灣從2011年才逐漸開始發展群眾募資，至今已有13家不同定位的群眾募資平台，是全球密度最高；也是全球唯一可以在便利商店付款的地方。

2015台灣總集資5億台幣，眾所周知的太陽花集資廣告專案上線不到一天獲資近700萬，買下蘋果頭版半版與紐約時報的國際全版廣告。太陽花學運相關專案在flyingV單一平台即成功募資總額近1370萬。而割闌尾計畫提案，較預計募款目標高出2萬餘倍，達成近1200萬。舉凡新產品推出、新活動招募、慈善捐助透過「話題運用、創意設計、溫馨喊話……」，各式各樣只要能用故事打動人心，就可以募集資金，做自己想做的事。

FinTech創造金融新革命

想當金融家，不需要銀行、沒有法規管理、透過科技、網路，人人都可以當微型銀行家。Brett King號稱全球銀行創新之父（撰寫Bank 3.0而暴紅），曾說：未來的銀行不再是一個「地方」而是一種「行為」！金融業的創新競合將是勝出的關鍵。

2015年，「FinTech」（Financial Technology金融科技）席捲金融業。銀行正面

臨翻轉的命運，從資本家的手裡，運用科技創造新透過共享平台，開啟一場金融革命把金融業的皇冠交到一般人的手上。透過網路平台，付款、資產管理、貸款均可輕鬆完成，個人可以放款也可以向私人借款，小到宴客大到企業投資均可以完成。FinTech從倫敦萌芽正悄悄席捲金融市場，根據麥肯錫2015年底的報告指出，超過12,000間新創公司與發展FinTech相關業務。

從紙本郵寄、e-mail、網路銀行、到App管理，短短十幾年間銀行業務不斷快速變化，而今銀行業務更面臨市場大餅重新分配的狀態，有如春秋戰國百家爭鳴。不僅貸款、資產管理微創化、分享化。付款業務更是處處商機，手機付款逐漸普遍、遊戲金幣竄出、社群軟體紛紛投入金流（樂天與臉書合作匯款、支付寶與微信早已取代信用卡支付、Apple pay、Line Pay……）。

未來的銀行將會虛擬化取代實體店面，產業結構、職缺將大幅改變。

機器人、無人機走入生活　基層工作逐漸消失

這幾年，機器人開始真正走入商業服務領域，玉山銀行用機器人迎接賓客、日本

豪斯登堡《機器人飯店》２０１５正式進入營運，舉凡櫃檯手續、房務整理、送餐、推送行李等業務，均由機器人完成。

「人工智慧」快速聰明化，充分挑戰未來人類的工作機會。

２０１５年，鴻海與日本軟體銀行、中國阿里巴巴共同推出人形機器人Pepper，一分鐘賣完一千台。同時，六萬名鴻海工人被機器人取代！這只是個開始……

２０１６年，人工智慧如雨後春筍般不斷冒出驚喜！

- Google（谷歌）超級電腦AlphaGo打敗歐洲圍棋冠軍，同時學會寫情詩！
- 華碩宣布推出陪伴性機器人Zenbo，同時釋出開發者計畫，召集各方好手合作開發應用。
- 上海媒體「第一財經」發佈「ＤＴ稿王」以一般人閱讀速度的五十倍，並於一分鐘完成千字報導。
- 人工智慧醫生、照護、伴讀、農耕、檢修機器、上菜、貨架盤點、訂貨、出貨、運送從一級產業到三級產業，機器人可以包辦的工作越來越多。

而2015年7月，Google開始測試無人車上街，日本計程車業者Robot Taxi 2016年於日本測試上路，目標2020年東京奧運前商業化並展開營運。美國甚至開始著手研擬無人車管理法規。

根據《世界經濟論壇》研究報告指出，由於機器人的工業化革命和人工智慧（AI）技術快速崛起，估計至2020年全球15個發達國家裡，將有510萬勞工的工作將遭受到「機器人」的威脅。

這是未來不可逆的世界趨勢，這些技術都屬於我國文創產業的範疇，你準備好了嗎？

自媒體時代　行銷靠渲染

行銷宣傳靠自說自話的時代逐漸遠去，口碑、分享、創意、感動成文行銷的基本元素。

人們不再相信企業自己說的話，網路聲量決定企業的高度與生命。

社群平台擁有千萬粉絲成為身價、影響力的計算標準之一，傳統宣傳方式已不復存在，「發新聞稿」已成歷史名詞。一張照片PO上網，可以一夜毀掉一個人，一個影片Po上網，可以一夜致富。一個人面對全世界的時代已來臨，自媒體時代只有運用創意、設計、說故事、感動人心，才能做最好的行銷宣傳。

「宣染行銷」在台灣有一個有趣的案例：「哪個瘋子……十八萬刷卡買鋼鐵人？」。藍本設計總監吳介民兩次以「看似瘋子的行徑」，幫公司賺進「超過五千萬的行銷」效果。

2012年，網路瘋傳COSTCO的鋼鐵人要賣十八萬，酸民並以譏笑的口吻猜「哪個瘋子會去買十八萬的玩具？」。沒想到，竟然有人以閃電的速度刷卡買走，一陣肉搜，紅了設計總監吳介民及他的公司。更賊的是，他把鋼鐵人留在賣場讓人朝聖「已售出的鋼鐵人」，臉書上更多了「因出手慢而惋惜」的網友頻頻哀嚎聲。此時，吳介民竟出國搞神祕，讓媒體瘋狂尋找認識的友人代為回答。當吳介民回國時，掀起一波訪問風潮、頻頻上媒體。從此，鋼鐵人立在公司，不但訪客、打卡者眾，連扛著三太子遊世界的吳建衡也來合影，連續劇也嘎一角，藍本公司的關鍵字也成了鋼鐵人。「瘋了買十八萬鋼鐵人」是一次成功的自媒體行銷。

然而，瘋了一次不過癮，因為，瘋已成癮。2014年，COSTCO又進了大家都還搞不清是艾摩像還是摩艾像的「石頭雕像」，此時瘋子又再度出擊！！一口氣把北部三家共11尊摩艾像買完，造成「買這要衝啥，居然買光光？」，再度成功引爆另一波「話題」，當天晚間六點前全台賣場斷貨，網路叫價一尊飆升五倍為一萬八千元（定價三千二百元），賣場在客訴壓力下趕緊再進另一批貨。沒想到吳介民再次出手，運用傳真訂貨全數收購，創造COSTCO全台未上架就斷貨的首例！

「渴望行銷」的魅力讓吳介民再度成為話題人物，藍本設計又再度炒紅，苦求讓售的名人接踵而至、連電視談話節目都以此為話題，頭條新聞榮登蘋果日報點閱率第二名，全台在一夕之間瘋傳「正名MOAI摩艾」的唸法，成功創造數千萬的行銷效果。當然，這時候的吳介民、藍本公司又再度壯大網路聲量！而藍本公司又成為「擁有五十多尊摩艾石像」的朝聖地。

這二次看似瘋狂的行徑，其實正是抓住大眾關注「反差極大化」的極佳創新行銷，靠「話題」、「宣染」、「渴望」成功佔據媒體版面。再搭配公司實體陳列、訪客打卡不斷，網路聲量居高不墜。

VR＋AR翻轉人類生活

２０１６年世界行動通訊大會（Mobile World Congress，簡稱MWC）虛擬實境頭戴顯示器成了當紅炸子雞，不僅手機廠商看好、連社群平台臉書、互連網阿里巴巴都一頭栽進去，而淘寶網已開始研究透過ＶＲ上淘寶網購物像逛大街，

預估２０１６年，ＶＲ將開始爆發，手機已研發具ＶＲ功能。今日，很多行銷活動透過ＶＲ，讓人隨時可以進入夢幻仙境。未來ＶＲ將創造虛擬相互交替的夢幻世界。

而ＡＲ結合手機遊戲已在今年大爆發，讓一家老邁的公司「任天堂」突然年輕活力四射。「精靈寶可夢ＧＯ」結合ＡＲ技術讓玩家走出戶外抓寶，對二十至三十歲的年輕朋友，抓的「怪」皮卡丘、小火龍、妙蛙種子……都是陪伴自己長大的精靈（這是文創行銷的關鍵——銘記，細節可參考「桐花藍海」一書），加上媒體宣染、玩家互炫，造成熱點人潮擠爆、馬路擠翻、攤商大賺賣香腸賣到天亮，當地居民苦不堪言。可以持續多久？就要看「創意」推陳出新的浪頭有多高？多密集？多牽動心靈的悸動？

以上9點僅僅粗淺描繪未來，可預期的是未來世界的變化將更戲劇，因為科技創新日新月異、科技互連加上創意激盪出來的變化將更可觀。可預期的是，至少50%的行業會發生劇變、60%的工作會慢慢不見，所有硬梆梆分類的職業將會沒有界限。

文創邁入5.0的時代，請打開大腦的分界讓互連牽引成為一體，「具創意思維、擁有跨界能力、喜歡有邏輯性的亂想、充滿熱情想實踐創意」的人，才可能在未來的職場具有競爭力。

科技洪流翻滾下的文創5.0

面對翻轉的年代，不斷創新的文創，第四波的產業思維以無法應付時代的發展，因此邁入文創5.0的時代，我們需要有更前瞻的思維。讓我們先以OREO、小米科技為例，探討何為文創5.0？

☑OREO百年慶生活動　成功翻轉品牌形象

OREO是一款生活中很普通造型的餅乾，沒有變化。

2012年，OREO為了過100歲生日，想要為「百歲人瑞老品牌」注入新生命，推出OREO「Daily Twist」Campaign「OREO百年慶生活動——OREO陪你度過每一天」，連續一百天，每天一篇廣告。

要大家關注持續100天，這對僅有一種產品「一成不變的黑色夾心餅乾」，是一個很大的挑戰！

OREO「Daily Twist」Campaign團隊激盪創意、結合民意與新聞話題、運用社群網路連結、造成品牌與顧客間不斷的牽引互動，透過設計、美學牽動人心，成功吸睛100天。

我們來看執行的艱辛：每天一早，執行團隊會開會搜尋當日的熱門話題、網路熱點，經過動腦創意形成概念，再將概念交由設計團隊製作。從蒐集資訊、動腦、討論到設計完成，平均一則內容的產出約需6～7小時，連續100天。

每一則廣告幾乎都是網路討論的焦點，結合OREO的產品特性運用幽默、創意的設計搭配文字，以類新聞的模式推出。幾乎每則推出都造成轟動、創造粉絲極高度的黏著度與瘋狂的分享，連熱門媒體都不得不加入報導的行列。

一張圖片勝過千言萬語，再搭配精簡幽默的標題，成為好讀好看好分享的內容。

而當消費者上網搜尋熱門新聞時，OREO的活動也會因與熱門新聞的結合而被顯示在搜尋排行上，這種將熱門新聞的搜索熱度轉化成OREO的內容關注度，充份將網路內容的行銷運用發揮的淋漓盡致。透過社群群軟體蒐集民意、加上設計團隊的創意執行例，結合社群網站Facebook、Twitter、Pinterest，創造出有史以來最成功的品牌週年慶，不僅成功推升品牌價值更贏得２０１３年坎城創意節公關類金獎。

案例一：活動一開始，搭配同性戀的新聞熱點，推出震撼的「OREO是個Gay!」將OREO搭配彩虹奶油推出「Gay OREO」，與網友共同慶祝Gay Pride Month。在社群網站推出展現品牌的多元包容、更與時事焦點結合、不僅在社群網站瘋狂轉載、連CNN也加入報導，成功掀起話題！

案例二：貓熊欣欣誕生，舉世關注，立即推出「貓熊OREO」，還幽默地建議OREO會是寶寶最好的名字，Panda廣告與熱門新聞的巧妙結合，再度掀起高潮。

案例三：當江南大叔騎馬舞風行時，OREO也要來跳一下囉！

整整100天，100個吸睛的創意設計，充分結合時勢話題，不僅與消費者緊密結合更搭配熱門字的搜尋而提高品牌的搜尋度。

最後，在OREO 100歲生日的當天則以實體活動運用Ｏ２Ｏ（Online To Offline）畫下完美句點。

工作團隊在紐約時代廣場搭建透明屋工作室，把on-line活動轉移至off-line活動，讓消費者有衝分參與感，再度掀起網友熱烈討論及新聞媒體的報導。

活動前，結合民意、廣邀網友提供創意想法並舉行投票，最後決定High Five，並在現場製作廣告後將完稿PO上網路，用擊掌來慶祝OREO生日快樂。

「偷窺永遠觸動人心」，玻璃屋工作室讓團隊的工作真實呈現在消費者眼前，也讓品牌更真實地貼近消費者，O2O操作為100天的活動畫下完美驚嘆號，OREO也讓自己成為當日的新聞焦點！

觀其成功的因素如下：

☑所有文案緊扣品牌核心價值：就一個「黑黑的夾心餅乾」

☑傾聽消費者聲音：結合時勢、網路焦點、消費者關注之議題。

☑創造消費者連結與互動：廣邀網友提供ideas並舉行投票，透過參與充分抓住消費者的心。

☑發揮創意與效率：天天立即動腦、創意、製作、推出，即時有效率。

☑運用設計美學、展現幽默特質：設計吸睛又幽默，標題文字搭配更添創意。

☑抓住網路行銷訣竅：巧妙搭配社群軟體之分享風潮以及網路搜尋熱點，增加曝光度。

☑O2O成功抓住消費者與媒體目光：虛實交替、緊緊吸引媒體的目光與粉絲的關注。

這就是文創5.0，一個虛實交互運用、與消費者緊密牽引、充分運用現代科技、展現美學與設計實力的行銷活動！

☑小米靠「快」、「互聯」、「米粉」打造科技文創王國

小米機的快速崛起，就是靠文創5.0的魅力！讓我們來看看小米機快速崛起的祕密……

北京小米科技，由雷軍組建，於2010年正式成立。2011年在北京推出第一款小米手機。至今其他核心產品有：MIUI（基於Android開發的第三方作業系統）、小米盒子、小米電視和小米平板等。

小米手機以「快」席捲市場，手機運作速度快、設計新款快、軟體更新速度快、出貨快、銷售快，小米通過網絡銷售低端智慧手機以及社交媒體造勢，靠飢餓行銷，並以高C/P值（性價比）的產品培養出一群「米粉」。

眾所周知，蘋果靠產品以及賈柏斯的魅力，培養出一群堅定死忠的「果粉」，這群果粉陪同蘋果神格化，讓蘋果新產品的發表會宛若朝聖、新產品的開賣會宛若領聖水，讓蘋果成為全球最賺的3C公司，引領世界改變生活習慣。

而小米獨創的「米粉經濟學」則是以「互動、傾聽、消費者思維、消費者當家作主」的概念經營，這更符合時代潮流，也是文創5.0的精髓，更是將小米科技推向高峰的功臣。

2012年4月6日，小米舉辦第一屆米粉節。小米創始人兼CEO雷軍在送給米粉的賀卡上寫道：「小米的哲學就是米粉的哲學。」在這些狂熱的粉絲的支持下，小米當日創造了6分多鐘銷售完10萬手機的記錄。

2014年米粉節，在歷時12小時的活動中，小米官網共接受訂單226萬單，售出130萬部手機（含港台及新加坡10萬台），銷售額超過15億人民幣，配件銷售額超1億人民幣，當天發貨訂單20萬單，共1500萬人參與米粉節活動。

2015年小米手機成長雖不如預期，但2016年米粉節銷售金額仍超過18.7億人民幣（93億台幣），累計參與人數4683萬人，遊戲參與次數10.2億次。

小米培養堅強「米粉」還有一個重點——軟體更新速度。小米從經營網路粉絲社群起家，每週都會根據用戶的回饋意見，對MIUI（小米手機介面）做即時更新與改良。這是其他手機廠商做不到的，這麼頻繁的更新速度，展現了對用戶的誠意，三不五時還會帶來一些驚喜。而小米在手機內容與軟體設計，因為是中國人傾聽中國人、了解中國人，幾乎完全抓到中國用戶的使用習慣，這也是與其他硬體廠最大差異。小米的「粉絲經濟學」就是能對市場保持最高敏銳度，並做出即時反應，鞏固用戶忠誠度。

反觀蘋果近幾年一直無法突破，果粉也逐漸流失，除了硬體無法大幅超前外，軟體更新一直無法得到好評且回應並不如理想，應該是主要因素。近年來，不論是手機版本更新後果粉一陣哀嚎卻未見蘋果官方出面說明，桌機的作業系統也一直停留在負面評價，從消費者的反應已可預知蘋果未來要再造神已十分困難！

而台灣雙A電腦，acer因為還停留在工程思維，股價值直落，相對Asus因為引進設計師思維，邁入文創4.0，股價維持不墜，還在文創設計界取得發言權，近日更推出十分討喜的機器人且開放作業系統讓市場變大，未來能否更結合消費者互動運用文創5.0思維，值得關注。

☑從文創1.0到文創5.0

1980年，艾文．托佛勒發表了《第三波》。《第三波》把人類的經濟進程，劃分為第一波的「農業革命」，自此擺脫原始的狩獵生活；第二波的「工業革命」，自此進入以「標準化」而形成的「大量生產」、「大量消費」；第三波社會則是以「資訊革命」為前導，從而改變所有人的工作與生活型態。國際趨勢策略大師大前研一（Kenichi Ohmae）則認為第三波是知識經濟；第四波則是以創新產業為主。因此也有人以「文化創意產業」作為第四波的明星產業，以文化為核心、運用創意、內容、設計，開創經濟新生命。

前文已探討我國文創包含16項產業，小如廣告招牌、宣傳單大到汽車、電腦、建築。這樣的分類與管理，其實已不符合時代趨勢與未來發展。

今日文創其實是多元、跨界與互動的時代。

當面對「賣汽車不是賣汽車而是賣溫馨」、「打廣告不是打廣告而是打感動」的時代，文創已不能僅止於培養單一專長人才。

當吳寶春賣「酒釀桂圓麵包」標榜的是「桂圓是畫龍點睛的靈魂所在、選用的東山百年古法龍眼乾、透過老農六天五夜不斷火燻焙而成，與紅酒、胚芽及核果激盪出醇郁香氣」&「台灣麵包第一次站上世界的舞台★將台灣滋味注入歐式麵包★2008世界麵包大賽亞軍作品」，「酒釀桂圓麵包」賣的已經是「文化、感動、尊寵與陶醉」，那個價錢就不是麵包的價錢，而是文創的價錢，因此麵包也是文創，而這文創已達到4.0的地位。

簡單分類文創1.0到5.0：（參照290頁上圖）

文創1.0，僅有告知的目的，就如夜市路邊攤的招牌「魯肉飯」。

文創2.0，告知＋品牌，開始有身分，例如「我家牛肉麵」

文創3.0，告知＋品牌＋設計，加入美感的設計，例如「王品牛排」

文創4.0，告知＋品牌＋設計＋在地人文、創意、故事，例如：「台南擔子麵」、「鬍鬚張旗艦店」、「吳寶春麵包店」。

文創5.0，除了「告知＋品牌＋設計＋在地人文、創意、故事」外，需加上透過網路、科技、創意結合消費者之互相激盪、on-line-off line之運作、社群媒體之營銷，從

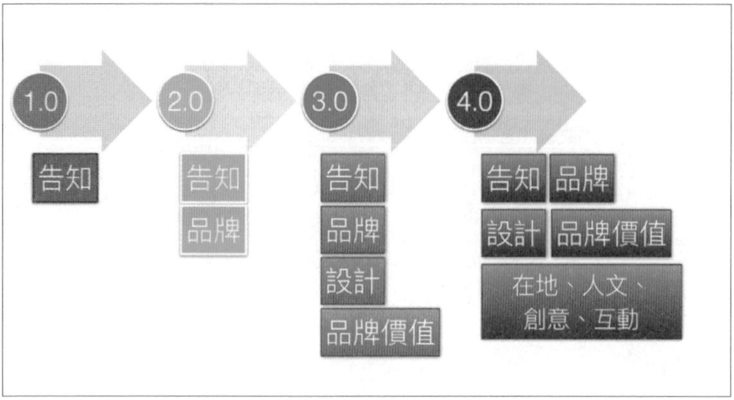

圖一：文創 1.0 到 4.0

圖二：文創 5.0 互動多元創意感動！

消費者出發、讓消費者有感達到消費者高度黏著的品牌操作。OREO、小米科技都是很好的案例，近年來可口可樂推出結合素人創造感動、分享的廣告，推出姓名瓶等等也都是很好的案例。

☑文創5.0的定義、特質、人才

定義：傾聽消費者角色、以設計思維出發，蘊含豐富在地人文歷史的故事張力或文化元素，運用科技、創意、創新思維，與消費者達到完美之互動並將消費者納為公司營運或產品開發的一環，以「滿足需求破口」或「創造新生活模式」打造企業之唯一達到永續經營之目的。

特質：文創5.0必備之特質有文化、創新、獨特內容、生活新品味、網路互聯、社群互動、設計思維、美學、感動。而引發的元素則有：文化圖騰、故事魅力、懷舊創新、抓地力等等。

人才特質：創意、跨界能力與思維、堅強的執行力、沒有天花板的異業結盟與創新，將成為未來文創人才的基本需求。

第13章

歐洲文藝復興VS.中華文藝復興

受邀演講「詩詞與人生」時，由於都用口述，沒有準備PPT。來賓很好奇的問我，怎麼能背得住那麼多文章與詩詞。更有來賓跟我說：

「記住這麼多文章要花太多功夫，要參考的時候再從網路上找就好了，何必下那麼大工夫去記？」

回曰：「以前，我也是這樣認為。現在，我記住文章與詩詞的動機與目標不同了。」

以往在學校讀國文課時的學習系統是「讀書為了考試」，現在則是「為了增加能力」。先談幾項背文章的功能：1.健康青春。2.增進口才。3.激盪思想。

健康青春

英國政府將公車司機與計程車司機進行腦部掃描。發現，公車司機腦細胞之間的連結很疏，反應較慢，容易老化。公車司機反應慢，易老化的原因是，頭腦幾乎沒有在使用。因為，路線固定，生活僵化。計程車司機則是腦細胞與腦細胞的連結頗密，維持青春活力。因為，要記住大倫敦地區上萬條道路，以及乘客上車後要搜尋不同的路線。

科技越發達，人類越方便，但是，可能會造成人類越懶惰，而導致反應遲緩，衰老失憶。沒有計算機之前，計算大多用心算。沒有手機之前，朋友的電話大多記在腦中。日常生活中都在活用頭腦。蘇芮有一首歌《一樣的月光》，歌曲中有兩句歌詞「不知道是我們改變了世界，還是世界改變了我們。」試想，計算器發明後，依賴計算器的人，計算能力變差了。手機發明後，依賴手機的人，記憶及搜尋能力也變差了，在此同時，衰老就加速了。「不知道是我們改變了世界，還是世界改變了我們？」是以，我手機中雖存有許多好朋友的電話號碼，但是，我都記在腦中。遇到要計算時，都盡量不用計算機。計算機用來核對自己算過的數目是否正確用。

計程車司機的腦部運作是記憶與搜尋。然而，記憶的道路本身是無意義，惟搜尋會產生腦部思考最佳路線運作。學習及背誦新文章則頭腦的運作大不相同。文章有不同的思維、哲學、文采、用字、遣詞。學習新文章會開發新線路，開發新線路會分泌腦神經激素，研究腦神經激素的專家指出，腦神經激素會強化免疫系統，也有助青春與健康。

口才表達

口才表達是創新社會十二核心能力之一。背誦文章，運用文章，有助於表達能力之提升。首先，增加表達辭彙。會五千個英文單字的人，比會五百個單字的，有更多辭彙可以運用。此外，從律詩、絕句、古文到白話文有著不同的文體，各有其優點及特色。學習不同的文體，除了會增加不同的表達方式之能力，同時也可欣賞古人的心靈境界。文字沒發明前，歷史上不同時代之間的想法與觀點，由於沒有文字很難保存。所以，才會說倉頡造字產生「驚天地而泣鬼神」現象。另一種說法是「文章畫過萬古的寂靜，溝通著不同世代人的心靈。」

為了豐富不同的文體及思維，我從詩經開始背，接著，諸子十家，然後，左傳、公羊、穀梁、史記、漢書、唐詩、宋詞、唐宋八大家，元曲如馬致遠，明朝如唐伯虎、清朝如紀曉嵐、趙翼，民國徐志摩、胡適、余光中等。文章背得越多，順手捻來，可以表達的詞句當然就越多。搜尋適當詞句，運用於各種場合。這種腦部運作就不只是搜尋，還有活用，及場合判斷，是以，腦部運動的效果遠大於計程車司機。

有一次，有研究生來找我，跟我說：

「校長，我想出國讀博士，可是又擔心將來在國外畢業找到工作就會終老他鄉，校長可否給我建議。」

我跟研究生說：送你一首詩：「男兒立志出鄉關，事若不成誓不還，埋骨何需桑梓地，人間到處有青山。」

研究生聽完後高興的說：「謝謝校長，我瞭解了！」

我們學校有一位工友退休，這位工友很傳奇，曾經當過董事長，賺不少錢，後來投資錯誤，公司關起來後，到我們學校擔任工友。退休時，歡送餐會邀我去致詞。由於他的人生起起伏伏，且喜歡品茶與喝酒。我寫了一幅對聯作為致詞。上聯是「一杯茶，品人生浮沉」，下聯是「一壺酒，忘人間是非」。

同仁拍著手說：「橫批呢？」

回曰：「橫批，大家都會唱，『瀟灑走一回』。」

這位工友說：「這幾句致詞，把我的人生及嗜好說的淋漓盡致，一輩都不會忘記。」

激發思想

不同的文章有著不同的思惟、理念及人生觀。讀文章可以擴展視野及觀點。有一次，一位朋友臉帶憂愁的來看我，說他為了替朋友作保，有一間房屋被查封了。

我說：「你不是有三間房屋嗎，查封一間不會影響太大吧？」

他說：「話是沒錯，總覺得不甘心，不愉快。」

我跟他說：「事情發生了，你可以選擇『難過』，也可以選擇『放下』。只是，要「難過」，還是「放下」，都是你自己選擇的。」

他說：「我當然不喜歡一直難過下去，那如何放下呢？」

回曰：「這個世界上的物品，沒有一樣真正是屬於你的。李白在他的文章「春夜宴桃李園序」中有中有一段「夫天地者萬物之逆旅，光陰者百代之過客。」「逆旅」就是旅館。其意義就是，天地是萬物的「旅館」，世間萬物都是這旅館的過客。地球存在了46億年，人類演化史才七百萬年。很多億萬年的物種，包括曾經雄霸地球千萬年以上的恐龍，都滅絕了。我們都是地球的過客。你的房屋只是跟地球借地方來，借建材來蓋的，他終歸會還給地球。想想，這房屋能屬於你多久呢？你還擁有兩間房屋，在擁有這兩間房屋的時間內，多多惜福吧！」他笑一笑，跟我說：「瞭解了，即使現在我名下的這兩間也是暫時屬於我的，將來，沒有一樣東西是我的。那我就將被查封的房屋，當作提早還給地球。這樣的話，我心情就舒坦多了。」

善用中華傳統文化除了可以激發思想，還可強化經商能力。比如，閱讀孔子的《論語》。曾任王品集團的董事長戴勝益就表示，運用孔子的思想是他推動王品成為台灣最大餐飲集團的成功關鍵。華人很重視風水及迷信。然而，戴董事長則信奉孔子的「子不語怪力亂神」。選擇任何地點開業，完全專業考量，從不看時日及風水，開設台中中港路的「西堤牛排」就是一個叫人驚奇的例子。該地點有人自殺過，還是傳說中的「鬼屋」，一般人閃避都來不及。然而，戴勝益考量的是店面寬敞，租金便宜。租下開店後，營業額一直高居不下，成為台中店的「店王」。其次，論語中的「願車馬、衣輕裘，與朋友共。敝之而無憾。」，強調分享的精神氣度。戴勝益將其運用在將營利分紅發給員工，不是領薪水幫老闆賺錢，而是大家一起分享經營成果。這是王品集團經營成功的另一要素。

在擔任國立台北教育大學校長時，設立了華語文中心。曾有美國俄亥俄州大學的語言學院院長暨華語中心主任來訪華語文中心。美國大學的院長跟我說，過去這幾十年來，美國人可以背個背包，到全世界生活。因為，靠教英語就有足夠的收入過日子。由於中國大陸經濟成長快速，華語逐漸成為世界語言，全球各主要國家的高中都開始開授華語課程。你有開未來學的課，有沒有可能，將來會華語的人，背個背包，也可以在全世界各地，靠教華語就可以生活？我跟院長說，當然可能。

有一次跟東華大學校長趙涵捷及台北市立大學校長戴遐齡討論華語的重要性、傳統文化及文化創意產業。我提了上述的事情。

趙涵捷校長說：「是否從未來學的觀點分析的？」

回曰：「英語為甚麼是世界語言？因為英國在十九世界是世界第一強國，英語帶到了全球。美國在二十世紀的第一年，紐約華爾街打敗倫敦，成為世界第一大經濟體。再度強化了英語的國際優勢。在英語成為世界語言之前，西班牙語是強勢語言，因為西班牙的無敵艦隊席捲全球，殖民不少國家，也透過船艦運輸，成為世界經濟大國。歷史告訴我們，當一個國家成為強權後，這個國家的語言就越來越重要。」

戴遐齡校長：「因此，當中國成為世界第二大經濟體，朝第一大經濟體邁進時，華語當然會受到各國重視而成為世界語言。」

回曰：「從未來學的觀點，不只華語會成為世界語言，中華文化也會受到全球重視成為顯學並豐富世界文化。因為，文化已成為各國重要的資產，這可從文化創意產業在全球蔚為風尚略知一二。」

趙校長跟我都是電腦博士，人類進入工業社會後，科學興起，成為社會主流價值。科技掛帥，輕忽人文。然而，進入資訊社會後，科技重要，人文也重要。原來像是兩條平行線沒有交集的「科技」與「人文」，由於發現彼此相互瞭解的需要，遂開始「科技與人文的對話」。進入到知識社會後，人類意識到，科技的開發，應該以人為本。諾基亞遂喊出「科技始終來自人性。」這個意涵就是科技的發展必須回到以人為本。

趙涵捷校長：「第五波重視的不僅是人性，更是人文。經由人文提升人性內涵，讓人具有更高的品德、品味、品質。也因此，不少大學在提倡三品教育。而這些人文內涵來自受文化薰陶的深度與廣度，也因此文化、藝術、哲學、創新，越來越受到重視。」

擔任過體委會主委的戴遐齡校長：「難怪莊校長一直在提暢多用左手，因為左手會刺激職司文化、藝術、創意的右腦。」

趙校長：「可是在推動傳統文化時，不少學生認為這是八股，落伍的東西。」

回曰：「這是因為不了解傳統文化的內涵與精髓。歐洲文藝復興就是一個例子。從思想被束縛的黑暗時期，經由反思，學習了古代文化與思想，經過吸收與激盪，開發出新的文化與思惟，開創歐洲及全球的新文明。」

歐洲文藝復興

文藝復興發端於14世紀的義大利（文藝復興一詞就源於義大利語Rinascimento，意為再生或復興），在那之後擴展到西歐各國，是14世紀至16世紀在歐洲興起的一個思想文化運動。文藝復興將歐洲的文化，從長時期的一潭死水，轉變成了洶涌的江河。其影響造成科學與藝術革命，揭開了現代歐洲歷史的序幕，被視為是中古時代和近代的分界。

文藝復興時期的作品，體現了人文主義思想。人文主義標榜理性，認為文學藝術應表現人的思想感情。反對中世紀經院哲學基礎的一切權威和傳統教條；提倡科學文化，而科學研究之目的，是為人謀福利。反對蒙昧主義，擺脫教會對人們思想的束縛；肯定人權，反對神權，這促成了後來的啟蒙運動。由於重視以人為本，提倡個性自由，教育要發展人的個性，要把人的思想感情和智慧從神學的束縛中解放出來。

我們來分析歐洲文藝復興的Form。當時稱黑暗時期，因為宗教神權極致，不能有違反宗教理念的想法。如，歌白尼的地動說提出就受到教廷的審判。在一元化的思想控制下，當代不能忍受思想箝制的有識之士，引進古典文化及思維。文藝復興認為中世紀文化是一種倒退，而希臘、羅馬古典文化則是人類文明發達的典範，他們力圖復興古典文化——而所謂的「復興」其實是一次對知識和精神的空前解放與創造。

歐洲原本文化貧瘠的黑暗時期達千年之久，能夠從黑暗時期轉化成到引領世界的新思潮，科學發展、地理大發現、民族國家的誕生，這都是源於文藝復興。文藝復興是「黑暗時代」的中世紀和近代的分水嶺。文藝復興使從歐洲腐朽的封建宗教束縛中解脫，突破創造新的思想與文化，進而向全世界擴張。歐洲文藝復興的Form簡單的說就是「學習古文明，開創新文明」。

中華文藝復興

中華文化的深度與廣度不在歐洲古文明之下。從上古三大奇書是易經、山海經及黃帝內經。孔子還將易經列為四書五經的五經之首。思想家貫穿數千年歷史，諸子十家，在謀略上，有孫子兵法，著名的三十六計。出名的戰法，空城計，草船借箭，十面埋伏，都不比木馬屠城遜色。到佛家傳入後，與中華文化激盪出禪宗。宋朝的理學，王陽明的格物致知。在文化藝術上，琴、棋、書、畫，唐詩、宋詞、元曲，均有豐沛且膾炙人口的作品。台灣戲曲中心的各種傳統戲曲，更是玲瑯滿目，讓人無法勝數。在21世紀將在東方由中華文化的文藝復興，掀起另一波巨大人文與心靈的浪潮，襲向全世界。

歐洲從「黑暗時期」注入了古典文化及創新思潮，締造了文藝復興。在台灣，有著更好的文藝復興條件。台灣在思潮上已經「百家爭鳴」，在文化上是「澎湃多元」，超過「黑暗時期」千百倍。再者，在台灣保存的中華傳統文化博大精深，除了先秦的諸子百家外，又融匯開發思潮澎湃的「儒、釋、道」等。在第五波中，台灣最具備中華文藝復興的能量，如能善加開發創新，將掀起文藝復興的巨浪，讓中華文藝復興襲捲全世界。

由於中華文化博大精深，是以，可以生活中運用，也可以在各領域中開創出新思維、新知識與新文化。有一次主持華藏衛視討論中華傳統文化的復興，與談人有：淨空老和尚，吳清基前教育部長、陳益興前教育部次長、吳清山前國教署署長、孔孟學會兩位副理事長董金裕教授、蔡信發教授。在討論中，當陳益興前次長很深入的談完他的主題後，由於他感嘆博大精深的中華文化沒有被社會重視。由於我知道陳前次長在擔任次長期間盡心盡力，但，受了不少委屈。我感嘆的說：「次長的心境我用明朝于謙的詩來表達：『千錘百煉出深山，烈火焚深似等閒，粉身碎骨全不顧，留得青白在人間』。在場的與談人有人跟我說形容的真貼切。」

在北教大研究所開設「創意思考」課程，課程中，有三堂課教授「易經與創意開發」。學生問，易經是中國古代經典書籍，怎會跟現代的創意有關？我則告訴同學，易經是中國上古三大奇書之一，也因此，很多人認為經典古書應該是人文哲學，不會有現代的創意思維。然而，這樣的想法，誤解了易經，也讓不少人望易經生畏。

易經的開創就是第一章創新社會活用創意最好的例子之一。創意開發的三大要素：想像力、創造力及運用力。愛因斯坦強調：想像力比知識更重要。因為，有想像力會激發創造力，創造出新點子後，要具備靈活運用的能力，將點子化成產品。易經內容涵蓋甚廣，其中就包含了想像力、創造力及運用力。我們從易經的英文名稱「The Book of Change」，就可以看出易經是一本闡述變易的書籍，而創造的本質就是改變。易經提出了六十四卦，除了卦與卦在變化外，卦中的每一爻也在變化。人生本就一直在改變，從易經可以學到很多人生遭逢各種變異時的處世哲學。

易經的六十四卦對學電腦的人來說，就是數學二進位的六個位元之組合。二進位的兩個位元為0與1，而二的六次方就是64。以二進位表式就是從000000到111111。

如果只是單純的數字，當然無法產生其他意義。然而，六十四卦的開創者伏羲氏發揮高度想像力，將0與1賦予陰跟陽的意義。然而，再將00，01，10，11稱為四象：老陰，少陰，少陽，老陽。接者，再將000，001，010，011，100，101，110，111稱為八卦。這就是太極生兩儀，兩儀生四象，四象生八卦的由來。然而，000到111這八個數字如何跟生活結合，變成八卦呢？伏羲將生活周遭的八個重要事物：風、火、山、澤、天、雷、地、水跟八個卦象結合，賦予八個卦象，跟人有關的意義。這就是第一章介紹的創意技巧combine。再以巽、離、艮、兌、乾、震、坤、坎跟這八個卦對應命名，讓這八個卦有更大更多元的想像空間。然後，再將這八個卦再組合一次，八乘八的組合就成為六十四卦。上面的卦稱上卦，下面的卦稱下卦。比如，上天下天，（111）（111）兩個卦都是天就是乾卦。兩個卦都是地（000）（000）就是坤卦。上天下地（111）（000）就是否卦，上地下天（000）（111）就是泰卦。

創造了六十四卦後，再賦予各個卦所代表的意義。如，否卦，其解釋是，天在上地在下，造成陰陽不相交往，主凶象。否卦顯現出陰陽之氣不協調，無論在人及事方面都出現問題。產生內外不合、上下紛擾的現象。無論事業或家庭，最好能彼此互相退讓，靜下心來真誠的溝通，方能轉吉。這跟一般的思維認為天在上地在下是天經地義的觀念有所不同，這是逆向思考。也因此，泰卦卦象的解釋為，原本在下的「地氣」（坤）由下往上行，原本在上的「天氣」由上往下走，代表天地之氣互相交合而通泰。三陽開泰，主吉象。相反的，地氣停留在下、天氣高高在上，則為陰陽窒塞，沒有交流就是「否」卦。由於易經強調變易，任何事到了極至，就會改變，我們都聽過「否極泰來」，就是來自易經。這也像老子說的「福兮禍所依，禍兮福所伏。」

易經的六十四卦根據其意義，被運用來解釋人生的不同境遇，如職場升遷，婚姻愛情，開創事業等。每個卦又有六爻，所以產生64×6＝384種不同情況。因此，也被有創意之士，開創運用在占卜上。從卦象去解釋可能的未來發展。易經的占卜，讓會占卜的人得到不少的人生智慧及商機。其次，易經已漸成為顯學。教授易經及出版易經書籍的商機越來越高。此外，易經還可以運用在建立有智慧的人生哲學。透徹了悟易經的哲理後，自然趨吉避凶。所以，荀子說，善易者不卜。從想像力、創造力、運用力來看，易經是非常好的創意開發教材。從易經開創的商機來看，易經亦是很好的文化創意產業範例。上過我課的萬能科技大學副教授薛光博，現在已經對易經占卜頗有研究，經常有人找他占卜。從伏羲氏到周文王到孔子為六十四卦寫易傳，就是持續開創的例子。以下介紹幾個從中華文化開創新觀念的例子。

葉兩傳則運用老子思想及易經理念，開發了茶道及相關產品。葉兩傳發現，茶不只是飲料，對歐洲人來說也是「心靈飲料」。日本運用禪的概念，將其融入茶道中，所以，在歐洲頗受歡迎。葉兩傳經由思考力發現，日本人運用東方文化中的「禪」加上時尚的設計，打動了歐洲人的心。由於禪宗是佛家的思想與中國文化的結合。葉兩傳遂直接運用純粹中國的老子道家思想，在歐洲開創新的茶飲料品牌「Lao Tsu Say（老子曰）」。葉兩傳詮釋「禪」與「道」的不同。他表示，日本的「禪」是在傳遞「心靈靜止」，這是20世紀的東方價值。「道」則是陰陽的，流動的，是21世紀流動變化的特質，這也是「易經」主要的精神。經由他的推廣，歐洲市場開啟「道」的文化。「老子曰」獲得「巴黎國際食品展」頒發國際趨勢及創新獎，是台灣也是亞洲第一個榮獲此殊榮的產品。

擔任過海洋大學河海工程研究所所長的張建智教授，是高科技河海工程博士。然而，由於對中華文化的熱愛，遂開啟鑑賞書畫的心靈之窗。張建智提出，中華文化藝術博大精深，自古文人雅士工於書畫，而繪畫藝術更是自我心靈之寄託與表現。如同詩文寄情於物，書寫胸中逸氣，氣韻生動不朽名作，藏諸名山傳之後人。有些人作品中構圖之佈局、巧思、落款與題材，技法之純熟，變化萬千，意思境深遠，如大陸名家馮大中先生。然而山水畫作潑墨揮灑，大氣磅礴，渾然忘我之氣勢，如國寶大師張大千先生。對於花鳥傳神生動，寓意深遠，兼工帶寫，讓觀者體悟那心靈的悸動，如台灣名家杜登吟先生。期待所有書畫家遊藝於丹青世界裡，都能精益求精，而為藝壇崢嶸。

張建智教授除了在書畫有相當的成就外，後來又跨界進入琥珀及蜜蠟。策展多次「千年琥珀，萬年蜜蠟」。每次跟張教授談到中華文藝復興會為台灣帶來巨大的思想及文創能量，他都全心投入，提供很多良好的觀點。

莊雅惠是運用黃帝內經的「治未病」及結合東西方醫學成功的例子。隨著生物科技的進步，防病抗老，一直是各種醫學所追求的極終目標，尤其在西方醫學的治療中，當疾病出現治療瓶頸，或服藥產生副作用後，人們會因而轉向尋求天然療法，以期彌補西方醫學的不足，因此無論是西方之芳香療法、整脊醫學，或是東方醫學，均是這些病患所選擇的另類療法。

中醫養生，在疾病的預防與治療中，逐漸為社會接受並採用。因天然的中草藥，除了具有治病的效果，更可補充身體缺乏的營養物質，因此在「預防勝於治療」的前提下，強壯身體是預防疾病的第一步驟，而治病求本，則是治癒疾病的不二法門。中醫藥治病，因結合調整體質及治療疾病的雙重效果，可標本兼顧，所以成為東方天然療法的主流。莊雅惠為了推廣中醫養生便利化、生活化、安全化，讓優質中藥融現代人的生活中，與知名中藥「漢補世家」結合，設計一系列養生茶與燉湯包，開創了原本讓人覺得苦澀的中藥成為美味的食品，飲用美食既強身防老又抗癌！

雲科大的教授陳保志教授與昭慶教授除了推廣黃帝內經的「治未病」外，更指出「心理」及「環境」亦會對人的健康產生重要影響。因此推動身、心、環境的健康，也就是「生理」、「心理」及「環境」的「治未病」。在「身理」上，運用經絡學、氣功及精油等強化體質；在「心理」上運用了易經及傳統文化的心靈哲學，其次，將勘輿與風水的相關理論運用在「環境」上，這開啟了前瞻又創新且全面性的健康管理模式。這是活用傳統文化、醫學知識加上開創新知的良好範例。在理論外，更付諸行動。他們除了培訓健康專業人員，更與社區結合，組成社區健科協會，讓健康管理成為社區的文化。以上這些新的健康管理之推動，將會大大增加國人的健康，這當然會提升國家在健康指數的Strength。

知名的易經大師，師大教授曾仕強運用了中華文化創造了「中國式管理」。曾教授在中、美、日管理領域學有專精，認為中國與美國、日本的文化積澱不同，因此生搬硬套美、日的企業管理方式，每每如穿了不合腳的鞋子，使企業運作窒礙難行。曾仕強教授進一步說明西方管理最初以物為中心，而中國管理以人為中心。西方管理首先把事情分門別類分析清楚，劃分不同的部門職位，然後招聘合適的人員；而中國的管理重「因人設事」，即培養優秀的人才，再放到適合的位置。

曾仕強教授提出的中國式管理，以中西兩方文化為例說明西方重個體自由和個體利益、中國視群體為個人依歸的民族價值觀，點明了文化是形成價值觀差異與行為差異的根源，並根據此差異指出中國管理模式的核心是「修己安人」，即上位者以個人修身為起點，管理群體為最終目的。由於曾教授推動中國式管理相當受到企業界尊崇，也因此，被稱為「中國式管理之父」。

曾教授運用易經開創中國式管理就是中華文藝復興相當成功的例子。由於企業界及學術界想跟曾教授學習的意願很高。然而，曾教授已八十歲，大家考量他長途奔波過於勞累。遂有組團到台灣來跟曾教授學習，同時也可參訪台灣。曾教授的門生陳侯忠老師就負責安排這樣的參訪學習活動。由於曾教授是師大的教授，因此，跟師大合作是首選。我安排拜訪師大的教務長陳昭珍及進修學院院長高文忠。進修學院在高文忠院長的推動下，幾乎班班客滿。然而，高院長對跟曾教授及大陸參訪團合作表示高度興趣。因為，這樣可以促進對大陸企業的瞭解與交流。尤其，大陸企業最近發展很快，成長迅速。陳昭珍教務長對曾教授為何研究易經很有興趣，因為，曾教授是工業教育系的教授，原本是不懂易經的。經過陳侯忠老師說明曾教授是因為生病才開始學習易經，瞭解易經的哲理後，對世事更加了然，健康逐漸復元。也對鑽研易經產生更大的興趣，而後，成為易經大師。陳教務長聽了後，一直稱奇。陳侯忠老師跟陳教務長及高院長說：希望跟師大合作開課，參訪團到台灣的名稱就是「到『師大』跟『大師』學習」。尤其，大陸因為文化大革命流失了不少經典文物，台灣是保存中華文化最多的地方。

由於中華文化的精深及重要性逐漸受到全球的注重。比如，英國學者湯恩比博士表示：「解決二十一世紀的社會問題，唯有孔孟學說與大乘佛法」。也因此，全球興起學習中華文化的浪潮。中國大陸開始在全球設立孔子學院。日本民間也有祭孔典禮。全球的漢學中心呈現持續增加的趨勢。比如，英國已經要設立漢語學院。美國、日本、越南都有漢學研究機構，漢學研究的研討會及研究獎勵也在成長中。

第二屆唐獎「漢學獎」得主，由美國哥倫比亞大學榮譽教授、高齡九十七歲的狄百瑞（William Theodore de Bary）獲得。唐獎教育基金會表示，狄百瑞對儒家思想不但有理解與闡揚，也有誠懇的批評，功在國際儒學研究，可謂一代漢學巨擘。

狄百瑞自１９５３年開始在美國哥倫比亞大學教授中國思想，是西方儒學的開創人物，編寫將近三十冊書。他參與編撰的教材，是歐美大學生認識儒家文化的必讀書籍。

狄百瑞主張儒學絕非現代化的阻礙，反而是東亞地區的文化資本。狄百瑞將中華文化的儒學介紹到西方，並主張東西文化互相借鏡，儒學精神可彌補西方主流價值的不足。這代表中華文化不是僵化八股，相反，經由吸收及淬鍊，可以開創出新的精神文明。狄百瑞是少數從中國本體文化來研究中國學術的外國人，他開啟東西文明的對話，冀望透過不同文明的交流溝通，解決世界的各種危機和亂局。試想，光儒學就受到漢學大師如此推崇，如果好好的探究浩瀚的中華文化，那將會綻放出更多的新思維、新文化。

在台灣，研究中華文化的機團體與機構甚多，如孔孟學會、中華傳統文化教育基金會、中華道學發展協會、中華南台道教學會、儒釋道多元文化教育網站、世界電視台等。各宗教電視台亦常年由大師授課，宣導佛法。經過多年的研究與傳播，台灣已奠立了相當深厚的中華文化基礎。

為打造台灣成為中華傳統文化的推廣教育中心，為實現上淨下空老和尚建構「和諧社會、禮義家邦」的願景，財團法人中華傳統文化教育基金會的創辦人陳彩瓊總裁與謝萬軍執行長，結合財團法人華藏世界教育基金會、華藏電視台、世界電視台與傳統文化教育學會，積極建設「中華傳統文化教育中心」，希望成為全世界儒釋道教育的示範基地與楷模典範。

【中華傳統文化教育中心】的示範基地，於2016年落成，位於屏東潮州鎮，基地面積約七千七百坪，而從基地之空照圖觀之，輪廓外型猶如一尊觀音像。由淨空老和尚親筆題名的「教學樓」為五層建築，共兩千多坪，規畫二十幾間教室及一百多坪的攝影棚，作為儒釋道三根教育的教學及活動錄影使用。除了完善的硬體建設，中華傳統文化教育基金會在北中南各地也已培訓了三百多位老師及輔導員，準備齊力一心並滿懷期待為道德倫理因果教育的紮根來奉獻。

傳統文化教育中心中的「阿彌陀佛大飯店」，窗明几淨的住房，可作為到此共修共學、聽經聞法及參與活動的同修大德休憩之用。「大會堂」擁有廣闊的內部空間，將可容納超過三千人於此聚會，未來將舉辦儒釋道工作坊、尊師大典、大師對談、中華傳統文化論壇等大型活動。由於中心目前是台灣最大的民間中華傳統文化教育中心。在興建的過程，淨空老和尚多次前往現場督導勉勵，更語重心長的指示「要把中心的建設當作是人生的第一樁大事來做」。老和尚的心願就是要讓中華文化從台灣出發擴及至全世界，成為全球爭相仿效的教育典範！

結語

朋友問：「中華文藝復興如果成為文化潮流，會不會影響台灣的主體性？」

回曰：「剛好相反。試問，歐洲文藝復興會不會影響美國的主體性？美國大學開設莎士比亞課程會不會影響美國的主體性？美國將英國及歐洲的文化融入美國的土地上，然後，開創出美國的文化。」

義大利文的Rinascimento，意思為再生或復興，並不是復古。是吸取古人的經典文化及思想，然後，在新的時代中開創出新思維及新文化。如同唐詩極盛之後，出現宋詞，而後元曲，到民國出現白話文。然而，我們不會認為學習唐詩及宋詞是復古。相反的，我們學習越多的文體，就越能開創出新的文學。

台灣，完整保有中華文化的正體字以及在大學開設各種中華文化思想的課程。民間研究中華文化、漢學、儒學、道家、佛家的團體更是不可勝數。這樣巨大的中華文化能量，如果好好開發激盪，必能在中華文化潮流中，興起一股巨大浪潮，結合台灣的本土元素開創出新的中華文藝復興浪潮。

國家圖書館出版品預行編目資料

第五波：現在，人類已進入「創新社會」/ 莊淇銘，莊錦華，莊雅惠作 . -- 初版 . -- 臺中市：晨星，2016.08
面；　公分 . --（勁草叢書；395）

ISBN 978-986-443-161-8(平裝)

1. 未來社會 2. 未來學

541.49　　105011110

勁草叢書 395

第五波：現在，人類已進入「創新社會」

作者	莊淇銘、莊錦華、莊雅惠
責任編輯	盧柏丞
封面設計	賴維明
美術設計	曾麗香
創辦人	陳銘民
發行所	晨星出版有限公司 407 台中市西屯區工業 30 路 1 號 1 樓 TEL：04-23595820　FAX：04-23550581 行政院新聞局局版台業字第 2500 號
法律顧問	陳思成律師
初版	2016 年 08 月 20 日
再版	2018 年 09 月 01 日（三刷）
總經銷	知己圖書股份有限公司 （台北公司）106 台北市大安區辛亥路一段 30 號 9 樓 TEL：02-23672044 / 23672047　FAX：02-23635741 （台中公司）407 台中市西屯區工業 30 路 1 號 1 樓 TEL：04-23595819　FAX：04-23595493 E-mail：service@morningstar.com.tw 網路書店 http://www.morningstar.com.tw
讀者專線	04-23595819 # 230
郵政劃撥	15060393（知己圖書股份有限公司）
印刷	上好印刷股份有限公司

ISBN 978-986-443-161-8
新台幣 350 元
Published by Morning Star Publishing Inc.
Printed in Taiwan

◆讀者回函卡◆

以下資料或許太過繁瑣，但卻是我們瞭解你的唯一途徑

誠摯期待能與你在下一本書中相逢，讓我們一起從閱讀中尋找樂趣吧！

姓名：＿＿＿＿＿＿＿＿ 性別：☐ 男 ☐ 女 生日：＿＿／＿＿／＿＿

職業：☐ 學生 ☐ 教師 ☐ 內勤職員 ☐ 家庭主婦 ☐ 軍警 ☐ 企業主管 ☐ 服務業☐ 製造業 ☐ SOHO 族 ☐ 資訊業 ☐ 醫藥護理 ☐ 銷售業務 ☐ 其他＿＿＿＿

E-mail：＿＿＿＿＿＿＿＿＿＿ 聯絡電話：＿＿＿＿＿＿＿＿

聯絡地址：☐☐☐ ＿＿＿＿＿＿＿＿＿＿＿＿＿＿＿＿

購買書名：**第五波：現在，人類已進入「創新社會」**

• 誘使你購買此書的原因？

☐ 於＿＿＿＿＿＿書店尋找新知時 ☐ 看＿＿＿＿＿＿報紙／雜誌時瞄到

☐ ＿＿＿＿＿＿電台 DJ 熱情推薦 ☐ 親朋好友拍胸脯保證 ☐ 受海報或文案吸引

☐ 電子報 ☐ 晨星勵志館部落格／粉絲頁 ☐ 看＿＿＿＿＿＿部落格版主推薦

☐ 其他編輯萬萬想不到的過程：＿＿＿＿＿＿＿＿＿＿＿＿

• 本書中最吸引你的是哪一篇文章或哪一段話呢？＿＿＿＿＿＿＿＿

• 你覺得本書在哪些規劃上還需要加強或是改進呢？

☐ 封面設計 ☐ 版面編排 ☐ 字體大小 ☐ 內容

☐ 文／譯筆 ☐ 其他＿＿＿＿＿＿＿＿＿＿＿＿

• 美好的事物、聲音或影像都很吸引人，但究竟是怎樣的書最能吸引你呢？

☐ 價格殺紅眼的書 ☐ 內容符合需求 ☐ 贈品大碗又滿意 ☐ 我誓死效忠此作者

☐ 晨星出版，必屬佳作！ ☐ 千里相逢，即是有緣 ☐ 其他原因＿＿＿＿＿＿

• 你與眾不同的閱讀品味，也請務必與我們分享：

☐ 心靈勵志 ☐ 未來趨勢 ☐ 成功故事 ☐ 自我成長 ☐ 宗教哲學 ☐ 正念禪修

☐ 財經企管 ☐ 社會議題 ☐ 人物傳記 ☐ 心理學 ☐ 美容保健 ☐ 親子教養

☐ 兩性關係 ☐ 史地 ☐ 休閒旅遊 ☐ 智慧格言 ☐ 其他＿＿＿＿＿＿

• 你最常到哪個通路購買書籍呢？ ☐ 博客來 ☐ 誠品 ☐ 金石堂 ☐ 其他＿＿＿＿

• 你最近想看哪一位作者的書籍作品？＿＿＿＿＿＿＿＿＿＿

• 請推薦幾個你最常看的部落格或網站？＿＿＿＿＿＿＿＿＿＿

• 其他意見：

晨星出版有限公司 編輯群，感謝你！

請填妥後對折裝訂，貼妥郵票後寄出即可

郵票

407

台中市工業區 30 路 1 號

晨星出版有限公司

勁草組

請沿虛線摺下裝訂，謝謝！

更方便的購書方式：

(1) 網站：http://www.morningstar.com.tw
(2) 郵政劃撥 帳號：15060393
戶名：知己圖書股份有限公司
請於通信欄中註明欲購買之書名及數量
(3) 電話訂購：如爲大量團購可直接撥客服專線洽詢

也可至網站上
填線上回函

◎ 如需詳細書目可上網查詢或來電索取。
◎ 客服專線：04-23595819#230 傳眞：04-23597123
◎ 客戶信箱：service@morningstar.com.tw